译文经典

论自愿为奴
La servitude volontaire

Étienne De La Boétie

〔法〕艾蒂安·德·拉·波埃西 著

潘培庆 译

上海译文出版社

目 录

中译本序

　　拉·波埃西？不知何许人也。不要说在中国，就是在拉·波埃西的祖国法兰西，知道的人也不会太多。

　　1789年7月，法国大革命爆发，革命的基本原则就是自由、平等、博爱。革命后不久，制宪议会就颁布"人权和公民权宣言"，确认人生来并始终是自由、平等的。关于自由、平等、博爱观念的历史渊源，人们自然会想到文艺复兴、宗教改革和启蒙运动；至于有影响的人物，人们首先会想到那些主张人的自然权利说的人，如格劳秀斯、洛克、霍布斯、卢梭等。但早在16世纪中叶，有一个年轻的法国学生就已经提出人人生而自由、平等，并倡导博爱，这个年轻人就是艾蒂安·德·拉·波埃西。

关于拉·波埃西的生平事迹，现代人所知不多。这里，我也只能从介绍拉·波埃西的若干材料中摘取一二。1530年11月1日，拉·波埃西诞生在距离佩里格不远的萨尔拉小镇上。他的父亲是佩里高尔地方行政长官的副手，但他英年早丧，十岁的拉·波埃西就成为孤儿。之后，拉·波埃西的一个叔父开始负责他的启蒙教育。欧洲的文艺复兴运动早就影响到小镇，当地有一位主教是意大利佛罗伦萨梅迪希斯家族的亲戚，受过意大利人文主义的熏陶，非常博学，他就希望他所在教区能够成为佩里格的雅典，艺术和哲学繁荣。拉·波埃西的叔父是教士，酷爱法律和古典文学，拉·波埃西就生活在一个酷爱古希腊和罗马文化的家庭里。

拉·波埃西十分好学，他后来进入奥尔良大学攻读法律。根据马基雅弗利关于法兰西的报告（1510年），奥尔良大学的排名仅次于巴黎大学。法学在当时有了巨大发展，奥尔良大学当时有不少著名法学家。拉·波埃西选择法律，这意味着他准备以后进入司法界。但就在他念大学的初期，这位只有十八岁的年轻人，写了一篇论文，后来成为他一生最重要的作品，这就是《论自愿为奴》。除了法律，拉·波埃西还对古代语言、人文、历史等深感兴趣。闲暇时，他以法语、拉丁语或希腊语作诗，写过二十多首爱情诗歌，还翻译过普鲁塔克、维吉尔等人的作品。

由于拉·波埃西在大学期间表现出众，名声颇佳，他于1553 年 9 月 23 日获法学士学位。同年 10 月 13 日，国王亨利二世下诏，破例同意拉·波埃西购买由纪尧姆·德·吕尔离开波尔多议会留下的议员空缺；之所以破例，是因为拉·波埃西尚未满二十五周岁的法定年龄（弗朗索瓦一世统治时期，王国总是缺钱，于是建立了司法官职位的买卖制度）。1554 年 5 月 17 日，拉·波埃西被正式任命为波尔多议会议员。从 1560 年起，拉·波埃西受命调解天主教和新教之间的战争。1563 年，拉·波埃西罹患痢疾，也有可能受到鼠疫感染，因为他所在的 Agenais 地区正在闹鼠疫；拉·波埃西的病情迅速恶化，8 月 17 日，他自知大限将临，于是非常平静、安详地起草了遗嘱，8 月 18 日去世，才三十三岁。

在谈拉·波埃西时，不可能不同时提到另一个人，他就是法国大文豪蒙田。1557年，拉·波埃西认识了蒙田，两人一见如故，成为终生至交。蒙田在其"论友谊"（写于1580年）一文中谈道：他在认识拉·波埃西之前就已看过《论自愿为奴》，他正是从该文中知道拉·波埃西这个名字。可以说，《论自愿为奴》在他们的友谊中起了桥梁作用。蒙田对两人的友谊评价极高，他这样说："……这种友谊如此完整，如此完美，可以肯定，即使在书本上也几乎找不到相似的例子，至于在今天的人际交往中，根本就看不到这种友谊的一丝一毫。必须有各种机遇的巧合才能够建立这样的友谊，如果每三百年能够出现一次这样的友谊，那就是奇迹了。""在我谈论的友谊中，两个灵魂相互交融，合为一体，如此完美无缺，可谓天衣无缝。如果有人问我为什么喜欢他，我想这是难以言表的，这似乎超出了我能够列举的所有理由，超越了我能够表达的范围；我不知道到底是一种什么样的神奇而又不可抗拒的力量造就了我们的结合。"拉·波埃西在《论自愿为奴》的最后就谈到他对友谊的看法、友谊的定义、友谊的标准、友谊的基础等，而蒙田在"论友谊"中回应拉·波埃西的友谊论，正是两个灵魂合二为一的具体表现。两人的友谊成为法国文坛的佳话。事实上，《论自愿为奴》就可从友谊的角度来理解：友谊只能存在于两个平等人之间，而奴役则恰恰以不平等的人际关系为基础；正因为拉·波埃西极其向往人间真诚的友谊，所以他对人们熟视无睹的奴役现象极为反感，诱发了他对人类奴役现象的探讨。

拉·波埃西撰写《论自愿为奴》一文时（大概在1548年），他正在读大学。什么事件激发了作者的写作热情？一个解释是：1548年，在吉也纳爆发过一次反盐税暴动，结果遭到无情镇压。拉·波埃西可能由此感到震惊，他在文中即表达了一个年轻学生对专制政治的困惑。人们通常认为受奴役是被迫的，拉·波埃西却相反认为这是为奴者的自愿选择，因为每个人生来就是自由的。人们总认为权力绝对强大，但他们偏偏忘记了奴役的真正由来：一个人是无法奴役众人的，除非众人首先奴役了自己。只要下决心不再接受奴役，君主的权力金字塔就会顷刻瓦解。

《论自愿为奴》是一篇探讨专制政治的论文，本为一篇学生习作，仅仅在作者的好朋友，或者在知识界小圈子内传阅，但在后来的历史演进中，该文成为一篇著名的抨击专制制度的战斗檄文。历史上常有这样的现象：一篇小文章，当时微不足道，但它后来却渐渐受到关注，上升为一种象征、一种号召、一种符号，不断被赋予新的含义。

　　拉·波埃西在撰写《论自愿为奴》时，并没有后世的革命思想。但随着历史的发展，拉·波埃西的《论自愿为奴》被后人视为反封建专制的宣言书，其书也不断被再版，并被译成多种外语。历史证明：拉·波埃西有先见之明，他敏锐地意识到社会的发展趋势；其《论自愿为奴》是近现代政治哲学的一篇重要文章，后来在不同时代，被不同政治色彩的人士广泛引用，影响了很多思想家，可谓近现代史上的经典之作。

　　关于中文译本和翻译情况。《论自愿为奴》的原文早在16世纪就已遗失，后人出版该文只能以克洛德·迪皮和亨利·梅斯默的手抄本，或者以16世纪新教徒出版的印刷品为依据。任何手抄本都不可能和原文完全一致；至于新教徒的出版物，由于新教徒当时受迫害，他们选择《论自愿为奴》的某些片断，以此抨击封建专制，肯定按自己的观点对《论自愿为奴》作过很大改动。19世纪，人们重新找到亨利·梅斯默的手抄本，经过比较，认为此版本改动的地方最少，因而认为该版本最忠实地保存了作者的主要观点。查理·泰斯特即根据梅斯默版本于1836年以当时的法语翻译《论自愿为奴》，于是16世纪的法语转成19世纪的法语。由于《论自愿为奴》有很多版本，光20世纪就有不少今译本，选哪一版本作为中文译本的底本？看了好几个不同版本，我最后选择查理·泰斯特的译本，因为该译本更接近梅斯默版本，其译注也反映了法国19世纪的情况，正好承上启下。但在查理·泰斯特的译本中，有不少地方意思比较难懂，我参考了梅斯默版本，以及若干现代法语译本，尤其是Gérald Allard的译本。所以，中文译本中有四种注释：1) 出版者注，即中文译本所依据的《论自愿为奴》，Payot出版社，2002年版；2) 法语译注，即查理·泰斯特在转译时加上的注释；3）Allard 注释，即 G. Allard 译本的注释，见《拉·波埃西和蒙田论人际关系》，Griffon d'argile 出版社，Ste-foi，加拿大魁北克，1994 年；4）中文译注，这是我加上的注释。

由于注释较多，我建议读者在读第一遍时可以不管注释，否则容易打断思路；读第二遍，可以参考注释。如果还有第三遍，可选读某些片段和若干法语注释。这当然不是硬性规定，一切由读者自由决定，我仅仅和读者分享我的经验。书中的大部分人名和地名都译成中文，但有不少人名和地名，对中国人都非常陌生，所以我仍保留外文，这样并不影响阅读，甚至更简单明了。

关于中文译本的由来。我第一次读《论自愿为奴》，那是在 20 世纪 90 年代，当时我在欧洲留学。一晃近二十年过去了，现在我在图书馆又看到这本书，借来重读，又有新的感想。萌发翻译此书的想法。首先，以前有人翻译过《论自愿为奴》的若干部分，而且是从俄语译成中文，和原文有较大距离。其次，鉴于《论自愿为奴》在近现代史上的影响，可说这是一部经典之作。我所谓经典作品的标准，不仅仅看它是否提出了多么完美无缺的理论，得出了多么无懈可击的结论，更在于看它是否提出了令人深思的问题，是否能够促使后人进一步探索。经典之作总是站在时代前沿，或者预见到社会发展趋向，从而能够启发当代人和后人的思想，推动人类社会向前发展。我热情渴望《论自愿为奴》的中文全译本能够启发中国读者，促进中国社会的健康发展。

最后，我要感谢上海译文出版社的鼎力相助。

法语译序

一句话，读者兄弟！不管你是谁，也不管你在人间的地位和你的个人见解；尽管通常有所谓谚语说：并非所有兄弟都是亲戚，不管怎么说，即尽管在这个世界上对头衔和诽谤、授勋和囚禁、特权和禁令、财富和贫穷有着极为奇怪的分配，这一切都可以撇开不管，我们还是必须承认，从整体上说，我们在自然天性和基督教意义上说都是兄弟。拉默内已经说明这一点，并且予以证明；他的话如此具有说服力，令人赞叹不已，而人称印刷机的这种极其可恶的机器，它永远，永远也不能过多地复制。

你可不要认为，我在此序言中这样开始，直呼你为兄弟，这是为了哄骗你。奉承并不是我所擅长的；在这个口是心非并充满欺诈的时代，我已经因为我的坦率而感到极不愉快。我是既愚蠢又大胆，居然想给一本书加上几句话，使这本书更加年轻，使人们能够更容易理解它所包含的古老的、但却是坚不可摧的真理。这并不是我的书，我这样做可能过于鲁莽，而我所加上的这些话还会给我带来极大的不愉快。

我想让你能够理解我在做这件事的过程中所感受到的所有尴尬。在鼓起勇气完成这一任务之前，我已经思考了很长时间。我已经年迈，我也从来没有创作过什么。有那么多人，他们写了很多书，但读者在其中甚至找不到一个观点。我难道比那些人更愚蠢？我不这么认为。我从未在任何学校、任何学院接受过任何教育，我是通过阅读自学的。幸运的是，那些质量低劣的书对我从来没有吸引力。我的运气那么好，居然除了好书，手上没有其他书。我在书中读到的那些无聊的话、愚蠢的话或者无耻之言，大部分书里都充斥着这样的言论，这使我感到难以容忍。我偏爱那些古代道德学家，他们写了那么多高品位的美丽文字，他们的风格又是如此天真，如此坦率，如此引人入胜；令人奇怪的是，他们的作品虽然产生了一定的作用，但却没有产生更大的作用。至于新潮的东西，即我们日常所见到的文字，我并不喜欢，依我看，这并非什么新的东西。实际上，即使在最好的文章中，没有任何东西不是早就有人已经说过，但我们亲爱的先人们却表达得更好。我总是对自己说，既然老的作品写得这么好，写得如此清晰、明白，为什么还要创作新的？为什么不阅读先人的作品？他们令我如此喜悦，为什么他们就不能同样令所有人都喜欢？有时候，当然只是作为尝试，我想给那些可怜的人念上几段，因为这些人不幸都是文盲。这一尝试的结果令我非常满意。当他们听我念，他们是多么惊讶。这样的阅读对他们来说真是美味佳肴，他们充分地品尝着。事实上，我还尽量给他们解释隐藏在古老语言之下的真正含义；这些古老的语言很可惜都已过时了。这就是我现在突发奇想做这件事的原因。

不管我如何下决心要做这件事，但不知有多少次，我还是不得不放弃，因为我注意到：我每走一步，都在糟蹋原作，就像给房子粉刷涂料，结果反而降低了房子的价值。当我在从事一件如此徒劳无益的工作，如果我能够坚持下去，仅仅是出于献身精神，因为我深信：我奉献给你的菜肴远不如原来的，这仅仅因为我是按照你的口味来安排的。所以，读者，你永远不会对我的辛劳有充分的感激之情。我所做的实在是一件令人心碎的事情，就像这样一个裁缝所感受到的：他对希腊和罗马的服装充满崇拜和迷恋之情，伟大的塔尔玛演员穿着这些服装出现在我们的舞台上，深受欢迎，但这位裁缝却不得不为了迎合任性的潮流，裁剪服装，以符合我们所习惯的那些平淡无奇的服装。裁缝这样做，是为了让我们掏出钱包，这是他的谋生职业。但我呢？我从事这一辛苦而又艰难的文字转换工作，仅仅为了对你有用。如果我能够达到这一目的，这是我现在，也是我永远的、唯一的目的，那我是绝不会为我所耗费的时间、付出的辛劳而感到后悔的。

与其在这一点上唠唠叨叨，我想这里只要有善良用意就足够了，这样才能为我的鲁莽破坏作一辩护，我感到我还应该对你谈谈作者的功绩，也许你也这样想。我献给你的是一个披着现代外衣的古代孩子。赞扬他，夸耀他的才华，宣扬他的德行，颂扬他的荣耀，对他的图像顶礼膜拜，这些都是我们学院里那帮行家里手每天都在做的事情，这不是针对他们还在世的同行，因为欲望使他们相互吞噬，而是针对过世之人。每一个新生的不朽人物，当他进入这一所谓科学殿堂，这就是他对一个已经作古的不朽人物必须要做的功课；各种天才人物纷纷前来躲入其中，而不是相互滋养，这样的殿堂，也许可以更确切地称之为我们文学的光荣camposanto。①是否由我这样一个微不足道的人来模仿这些美丽文字的创造者？模仿这些广泛传播强制性赞美词的制造者？并非我没有比他们更好的主题，因为我能够用两句话来向你勾画出我的作者的画像，但不是以学院派风格，而是以古希腊方言的风格："生为大加图，死为苏格拉底。"如果

---

① 几乎在整个意大利，人们通常就用这个词来称呼墓地。那不勒斯的墓地就以其独特性而引人注目。该墓地由 366 个极深的坑组成。人们每天打开一个坑，把前夜死亡的所有人的尸体，先把衣物全都去掉，然后把他们乱七八糟地扔进坑内；当天晚上，该坑被神秘地封闭，要等到第二年的同一天才能被打开。当人们重新打开时，他们要确定在这段时间当中，土壤已经完全吞噬了葬于其中的尸体，没有任何遗留物。

要进入其他细节，我力所不及；无论我用什么艺术来向你谈论这位可爱的艾蒂安·德·拉·波埃西，我的水平总是难以企及我的主题。因此，我只想通过复述他的挚友蒙田在其"论友谊"中所说的话，然后在此引用几封信的节选；在信中，蒙田这位伟大的天才人物，这位思想深刻的道德学家，这位睿智哲人给我们谈到他的朋友的人生，以及他如何在安详中去世。我还是想通过这一切让你自己去了解拉·波埃西。我希望在阅读了这些节选文章[①]后，你能够感谢我使拉·波埃西的作品年轻化，我也希望你能够对我的今译本中不完善之处多多包涵，我真心实意地把今译本献给你。还是请你热情接受它吧，这更是看在你自己的分上，而不是看在我的分上。

你的基督和卢梭兄弟

Ad. Rechastelet

[①] 要使这些作品更容易理解，我必须把它们转译成现在的语言。这实在是一种亵渎行为！有些人会这样说，我也同意他们的看法。可是，如果我们的语言失去了它的坦率和天真，而这种坦率和天真正是它以前的魅力所在，这难道是我的过错？让我们再一次变好，也许我们会重新找到一种更加自然、也更有吸引力的方法来表达我们的思想。

论自愿为奴

　　据荷马讲述[①]，有一天，尤利西斯对希腊人发表演说："有多位主人，这可不是什么好事；只要一个主人就足够了。"

　　如果他只是说：拥有多个主人并非好事，这样就太好了，可以说完美无缺。但出于更多的理由，他本来应该说：多位主人的统治不可能是件好事，因为仅仅一个人的统治，只要他一旦获得主人称号，他的统治就是苛刻的，令人反感。可他却相反补充说："只要一个主人就足够了。"

　　当然，应该原谅尤利西斯；他当时这样说是事出有因，即为了平息军队的叛乱[②]。我设想，他这样说是出于一时之需，而不是要阐明某一个真理。[③]但是，凭良心说，做一个主人的臣民难道不是极大的不幸吗？因为谁都永远不能确信其主人是否善良，但只要其主人愿意，他总可以作恶。至于听命于多位主人，难道不是倍加不幸吗?！现在，我并不想涉及一个人们经常争论不休的问题，即"共和国是否优于君主制"。如果我真要参与争论的话，那么在弄清楚君主制在共和国各种形式中应该占据何种地位之前，我想知道它是否应该在其中占有某种地位，因为在君主制中，一切都属于一人，很难相信它会具有任何公共的性质。可以把此问题留待以后去讨论，④因为这需要进行单项研究，并会招致无数政治上的争论。

---

① 古代最著名的诗人，J-M. Chénier这样评价荷马：荷马去世已经三千年了，但三千年以来，人们敬重他，他依然年轻，享有荣耀和不朽（法语译注）。

② 当尤利西斯说这番话的时候，希腊军队正在酝酿暴动，反抗他们的将领。尤利西斯的建议即是要所有人都服从阿伽门农，让他成为希腊军队的唯一主人（G. Allard 注）。

③ 尤利西斯是国王。身为国王，他怎能不主张一人统治呢? 我们就按善良的拉·波埃西的建议，原谅尤利西斯吧。如果有人愿意的话，让我们也原谅那些平庸的朝臣，他们通常总是捍卫一人统治，以便贪得无厌地捞取预算资金，以我们的血汗自肥。但我们永远也不能原谅这些卑鄙的伪君子，甚至要谴责他们，因为他们见风使舵，看形势说话，一会儿欢呼"国王万岁"，一会儿高喊"联盟万岁"。这些喋喋不休的唠叨者和不知羞耻的骗子，他们如此厚颜无耻，有时竟能在朝夕之间发表完全自相矛盾的言论。总之，这些看形势说话的言论制造者，其人数在今日如此众多，就连规模庞大的《箴言报》本身——其中充斥着奴颜婢膝的实例和蛮横无理的谎言——也仅仅让我们窥见冰山一角而已（法语译注）。

④ 如果可爱的拉·波埃西生活在今天，他可能会毫不犹豫地探讨这个问题，而且可以肯定，他的结论不会有利于君主制（法语译注）。

现在，我只想弄明白一个问题：为什么会有那么多人、那么多城镇、那么多民族，有时候竟能够忍受一个独夫暴君的为所欲为？此暴君除了民众给予他的权力，并无其他权力；此暴君并无能力危害众人，除非民众自愿忍受；此暴君并不能对众人作恶，除非民众更愿意忍受一切苦难，而不是选择抗议。这实在是一件令人惊讶的事，然而这居然如此平常，实在应该为此感到悲哀，而不是惊讶。亿万民众，低着脑袋，戴着枷锁，奴隶般地屈从，他们这样做并非迫于某种强大的力量，而是因为他们为一个人的名字而着魔，或者可以说他们由此被魔法镇住了。然而他们本不应该恐惧此人，因为他不过是一人而已；当然他们也不必热爱此人，因为他以非人和野蛮的方式对待众人。然而这恰恰就是我们人类的弱点！我们不得不屈服，不得不等待时机，人们四分五裂，不可能总是强者。因此，如果一个民族在战争中失败而不得不屈服于一人，如雅典城邦屈服于三十暴君，①当然不应为

① 公元前404年，斯巴达人在伯罗奔尼撒战争中获胜，他们迫使雅典人服从三十寡头的统治(出版者注)。

失败民族的屈服而惊讶，而应为其屈服而叹息，或者既不为此感到惊讶，也不抱怨。屈从地忍受不幸，以便在未来寻找更好的机会。

我们人类的天性就是这样：友善的共同义务占据了我们生活中的大部分。崇尚美德，尊重高尚行为，受到善待则感恩不尽，我们还时常减少我们自己的利益来增加某些人的荣耀和利益，因为我们热爱这些人，他们也值得我们热爱，这一切都是很自然的。如果一个国家的民众在国人中发现一个稀罕人物，此人在维护民众利益时总是表现出远见卓识，在捍卫他们生命时又勇往直前，在统治他们时则无微不至，如果他们由此在不知不觉当中习惯性地服从他、信任他，直至赋予他某些特权，我不知道这样做是否明智，因为这相当于把他从为善之处调往他可能作恶之地。然而，善待那个给我们带来如此众多好处的人，而不是恐惧他可能使我们遭致不幸，这实在是非常自然的，也是非常理智的。

啊，仁慈的上帝！这是怎么回事啊？我们如何称呼这种邪恶，这一可怕的邪恶？无数人不仅唯命是从，而且奴颜婢膝；他们没有被统治，而是被残暴地虐待；他们没有财产，没有父母，没有儿女，甚至连他们的生命也不属于自己。此外他们还深受掠夺、敲诈勒索、暴行的折磨。他们身受的种种折磨并非来自一支军队，也不是来自一伙蛮人——若要对付军队和蛮人，每个人都应该不惜流尽最后一滴鲜血来捍卫其生命，而是来自某一个人；而这个人也并非海格立斯那样的大力士，[①]也不是参孙，[②]他只是人群中一介侏儒，[③]通常是一国之内最胆怯、最卑鄙、最软弱无力之辈，不要说他从未闻过战场的硝烟，就连比武场的沙子都很少碰过；不要说他完全不适合领导众人，他甚至无法使一个懦弱女人获得满足！看着众人如此行事，这难道不可耻？我们还能说这是懦弱吗？众人屈服于一个如此怯懦的侏儒，我们还能说他们卑鄙无耻、胆小如鼠吗？如果两个人、三个人、四个人屈服于

---

① 希腊神话中的英雄，力大无穷（中文译注）。
② 《圣经》中力大无比的勇士（中文译注）。
③ 原文为 Hommeau，注释者译为 Hommet 和 Hommelet，意为小人。我想可用 Mirmidon，即侏儒一词来代替。依我看，使用"侏儒"完全表达了作者的思想。我的灵感来自一首众所周知的歌曲，其作曲家就是我们的好朋友贝朗热，但愿他原谅我的这一抄袭行为（法语译注）。

一个人，这很奇怪，但毕竟有此可能，也许可以不无道理地说：因为他们缺乏勇气。但如果一百人、一千人听任一人的压迫，还能说他们是因为胆怯，他们不敢招惹是非，或者他们出于蔑视和傲慢，不想和他对抗？可以再进一步，如果不是一百人，也不是一千人，而是成百的国家、上千的城镇、百万民众，他们没有进攻一人，没有把一人碾碎，而此人却肆无忌惮地对待众人；在他看来，众人不过是一大群农奴和奴隶而已。我们应该如何称呼这种现象？这还是怯懦吗？世界上固然有各种邪恶，但也有不可逾越的界限。两个人，甚至十个人，他们都可能会害怕一人，但一千人、百万人、上千城镇难道也不能对付一人？！天哪，这可不是什么怯懦的问题，再怯懦也不至于此；相反，勇敢也并不要求一个人攀登城堡，独自攻打一支军队，并征服一个王国！我们在此论及的邪恶，怯懦绝对不足以说明问题，也没有任何恰当的词汇来表达这一现象；自然拒绝承认，语言也拒绝称呼。这到底是一种什么样的可怕邪恶？

假如让五万名士兵全副武装，另一边也放同样多的人，双方列队开战；他们一方为自由人，为其自由而战，另一方打仗则为了剥夺对方的自由，你们认为谁能取胜？一方的报酬应该是维护他们的自由，另一方攻击和受到攻击的报酬是奴役他人，谁在战斗中更加勇敢？一方所看到的还是他们此前的幸福生活，并憧憬着同样的生活。他们不太想到困难，以及由战争而来的短暂痛苦，他们更想到如果战败，他们将永远承受苦难，不仅是他们自己，还包括他们的子孙后代。另一方敢于面对危险则是受到小小贪欲的刺激，即使这种刺激也稍纵即逝，而一旦流血受伤，他们的虚假热情也立刻烟消云散。Miltiade、Léonidas、Thémistocle是三次非常著名的战役，①这些战役距今已经两千年了，但仍然充满活力，书本中还在讲述，人们还记忆犹新，就好像最近发生在希腊一样；这些战役是为了希腊，但却为全世界做出了榜样。希腊人人数极少，敌舰如此之多，连大海都几乎难以承受。是谁给了他们，不是力量，而是勇气去击退浩浩荡荡的敌舰？

---

① 分别指公元前 490 年的马拉松战役，前 480 年的温泉关战役和前 480 年的萨拉米斯战役（出版者注）。

敌军如此众多，即使全体希腊士兵的人数总和也没有敌军船长多，①那么是谁给他们勇气去战斗，去战胜如此众多的民族？还有，在这些光荣的日子里，②这不是希腊人对波斯人的战役，而是自由战胜控制，解放战胜奴役。③

自由使人勇敢地为自由而战，这样的故事真是奇迹！然而实际上，在任何地方，而且每时每刻所发生的，却是一人压迫万城之民，剥夺他们的自由。如果这仅仅是道听途说，而且并非每时每刻都在我们眼皮底下发生，谁会相信这一切？再者，如果这一切都发生在以前某些遥远的国度，现在

---

① 拉·波埃西无疑想说波斯军队军官的人数总和（法语译注）。

② 亲爱的读者，我不是在序言里说过了吗？所谓新的说法通常只是重复而已。你是否料到在此看到由我们可爱的拉·波埃西如此正确地配合使用的两个词"光荣的日子"？民众中那些贫困的杂耍艺人、怯懦的谄媚者，他们走出了地窖，他们在七月民众大暴动时在其中躲藏了三天，他们因恐惧而颤抖，他们不也声嘶力竭地大叫"光荣的日子"？这两个词并非他们的发明，而是他们捡到的，他们巧妙地使用这两个词以便欺骗那些轻信者，并把巨大胜利窃为己有，这就是 1830 年 7 月 29 日所发生的事情，应该记住这一点。我们这三天并不是光荣的，因为真正的光荣事情能够导致有益于人类幸福的结果（法语译注）。

③ 这些奇迹般的成果又在我们今天重现，我们也有自己的 Miltiade、Léonidas、Thémistocle战役。但正如我们的作者正确指出的那样，这仅仅在自由民众那里才会出现。所以，如果翻阅一下我们极其短暂的共和国编年史，我们找不到多少这样的英勇事例。只要回顾若干例子，它们可以真正和我们历史上的神奇事件相提并论（法语译注）。

有人来向我们叙述这一切，谁不认为这些都是随心所欲的捏造和杜撰？然而，这位独夫暴君，其实根本无需和他斗争，甚至也无需对之防范自卫，只需一国民众不再认可奴役，暴君就会自行瓦解。并不需要剥夺他的什么，而只需不再给予他任何什么。如果一国民众愿意，他们无需任何努力就可获得幸福，但他们不能做自我毁灭的事情。所以，还是人民听任摆布，或者他们自缚手脚，因为只要他们拒绝屈从，他们就打破了身上的枷锁。是人民自我奴化，自割脖子。他们可以选择做臣民，也可以选择做自由人；他们可以拒绝自由，戴上枷锁，认同其不幸，或者继续其不幸。如果人民要重新获得自由，他们必须付出某些代价，我并不催促他们这样做，尽管重新获得他们的自然权利，或者说，从牲口再变成人，这实在应该是他们心里最盼望的事情。但是，我并不要求他们具有如此巨大的胆量，我设想他们宁可喜欢过某种切实可靠、但却悲惨的生活，而不是一种自由自在、但却可疑的理想生活。怎么回事！如果要自由，只需意愿就行；如果仅仅需要意愿，世界上是否有哪个国家认为获得自由的代价太大了，因为仅仅只要意愿就行了？意愿重新获得本该用鲜血的代价才能索回的财富，而仅仅失去这一财富就会使所有正人君子的生活变得痛苦，而死亡却成为解脱，有谁会为此意愿而感到遗憾？可以肯定，如同星星之火，它会变成大火，不断蔓延；木材愈多，火势愈猛；但如果停止提供木材，那么火势就会减弱，最后自行熄灭。同样道理，暴君愈是掠夺，其胃口愈大；暴君摧残和毁灭的程度愈暴烈，民众的贡献也愈多，他们把暴君也喂得愈饱。暴君不断强大，愈发有力来摧残和毁灭一切。但如果民众不再给暴君提供任何什么，民众也不再对其唯命是从，那就无须与之斗争，也不用进行打击，暴君将一无所有，自行瓦解，就像一棵树，如其根部不再吸收到汁液和养分，其树枝很快就会枯死。

为了获得所希望的财富，大胆之人不怕任何危险，勤劳之人也不会畏惧任何劳作。唯有怯懦及迟钝懒散之人，他们无法承受痛苦，也无法重新获得他们只在心里才觊觎的财富。他们自己的怯懦夺走了他们想获得财富的能力，他们只剩下占有财富的自然欲望。这一欲望，这种天生的意愿，所有人都拥有，无论是智者还是疯子，也不管是勇敢者还是胆小鬼；正是这种欲望和意愿使人们渴望获得各种东西，而一旦获得，他们就会感到幸福，由衷高兴。然而有一样东西，我不知为什么，人们甚至没有勇气去追求，这就是自由。自由是多么伟大和美妙的财富。一旦失去，一切灾难接踵而至；而没有自由，一切其他财富也都会因奴役而变质，完全丧失它们的价值和品位。人们仅仅对自由抱着无所谓的态度，依我看，这是因为：如果他们想要，他们就有；既然人们拒绝追求这一珍贵之物，因为它实在太容易获得了。

可怜的人，悲惨的人，丧失理智的人，还有那么多的民族，你们坚持不懈地自我戕害，而对你们的利益却不闻不问；就在你们眼皮底下，你们听任别人抢走你们收入中最美好的大部分，听任别人掠夺你们的农田，摧毁你们的家园，抢走你们祖先留下的古老家具！你们的生活如此糟糕，可以说一无所有。你们似乎希望别人在将来能够给你们仅仅留下你们的一半财富，你们的一半家人，你们的一半人生，你们将视此为最大的幸福。而你们遭受的一切灾难、一切不幸，还有破产，并非来自众多敌人，无疑来自一个敌人，而这一个敌人也是由你们一手制造的。为了他，你们如此勇敢地投入战争；为了他的虚荣，你们时刻都面对着死亡。然而，你们的主子也不过只有两只眼睛、两只手、一个身体，他并没有比我们城镇无数居民中最无用之人多出任何东西。他之所以比你们拥有更多，只是你们给他提供了条件，使他能够摧残你们。他从哪里获得无数监视你们的百眼神人，①还不是你们当中的人吗？他哪里会有那么多的手来痛打你们，他那么多手还不是来自你们？他用来践踏你们城镇的脚，难道不是从你们那里借来的吗？他对你们发号施令，此权力难道不是来自你们？如果你们不和他串通一气，他如何敢于攻击你们？如果你们不是掠夺你们的强盗的窝藏主，如果你们不是杀害你们的凶手的同谋，如果你们不是背叛你们自己的叛

---

① Argus，即传说中的百眼神人，辞典的解释是：家中间谍。有些民族将该词读做 argous。我并不想炫耀我的词源学知识，但最近有一个记者，他比我更有知识，也更狡猾。据他认为，argousin，即苦役犯首领一词即由此而来；他的这一极具才华的说法正好发生在这样的时刻：在某大臣的领导下，人们利用被释放的苦役犯人，将他们组成团队，让他们巡视首都的大街小巷，于是他们不分青红皂白地殴打行人，制造恐怖气氛(法语译注)。

徒，他又怎么能够危害你们？你们耕种自己的田园，结果让他来摧残；你们给自己的住房配置家具，琳琅满目，结果让他来偷盗；你们抚养自己的女儿，结果让他满足淫欲；①你们养育子女，他却让他们当兵（极其幸运，他们还活着），然后把他们送到杀戮的战场；他还把他们提升为满足其欲望的大臣，完成其复仇计划的执行人。②你们辛勤劳作，精疲力竭，却让他沉浸在爱抚和享乐之中，悠闲地享受其淫荡的快活。你们日趋衰弱，而他却愈加强大，愈加强硬，而他对你们的管束也愈加严厉。如此众多的卑劣行径，畜生自己也许不会感受到，或者连它们也难以忍受，你们却是完全可以摆脱的，你们甚至无须试图这样做，只要尝试一下这样的愿望就行了。为此，你们要下定决心，不再屈从，那么你们就自

---

① 路易十五就是一个荒淫无耻的恶棍，他让其室内仆人 Bontemps 和 Lebel 去抢夺美丽的少女，然后将她置于其鹿苑之中。拿破仑的行事方式倒是更坦率，更直截了当，他就在埃库昂皇家直接选择他喜欢使之怀孕的少女，这当然是和 Campan 串通好的。你们可以去问一位德国王子，他能够在某位贵妇王妃，即他的妻子那里——出于隐私，恕我不能说出其姓名，查问到其第一个家姓（法语译注）。

② 那些大规模征伐行动即由大盗们发动，人们以大盗来称呼那些大人物，以示不满；马其顿的亚历山大、路易十四，就今天来说，主要有拿破仑，都是这样的人（法语译注）。

由了。我并不要你们和他发生冲撞，也不要你们去动摇他，而仅仅是不再支持他。于是你们会看到，他就会像一个被抽去基石的巨人，因自身重量而轰然倒塌，粉身碎骨。①

医生们说，不必绞尽脑汁去治愈不治之症，现在我却想给人民提建议，是否我错了？因为很久以来，人民似乎早就对他们身受的痛苦感到麻木了，这说明他们已经病入膏肓。尽管如此，如果可能的话，我们还是来探讨一下：这种顽固的屈从意愿是如何变得如此根深蒂固的？这种意愿好像让人感到热爱自由甚至都不是天生的。

---

① 出于一个纯粹偶然的机会，我最近在一本书里发现了这一段引文，整段地抄写，和原文一模一样；这本书是最近出版的，作者是莫拉地方的布维男爵先生，里昂前省长。他的书名是：《法国社会的弊病及原因分析》。但这位作者，初为帝国学生，后来成为完全配得上我们时代的官员，他绝对不是一个博学之人，因为他在引用这段富有说服力的引文时，大加称赞，可他却把引文归于蒙田；在蒙田的著作中，通常会有拉·波埃西的这篇文章。他难道不知道拉·波埃西？或者他怀疑其存在？这实在难以想象。这是由于粗心大意，应该原谅布维男爵先生，因为这位省长或许专心撰写这一大部头著作而操心太多。的确，他书中不乏有关政治经济学的非常明智的见解，也有极其错误的看法，他把他的观点和一些非常奇怪的统计材料杂乱无章地放在一起，最后得出这样的结论：我们的弊病的第一原因就是人口太多，应该赶紧使用各种手段，采取各种措施，动用各种资源，甚至那些最不道德的资源，以此来抑制贫民的生育，甚至消灭这一人群，至少降低其数量，需要降多少就降多少。同时确保，甚至进一步提高那些大人先生们，以及各类享受者和特权阶层的极端富裕程度，强化他们温柔的快活(法语译注)。

首先，毫无疑问，我想如果我们在生活中享有自然赋予我们的权利，并按照自然教给我们的准则行事，我们会很自然地服从我们的父母，但我们是理性的主体，不是任何人的奴隶。当然，我们每个人都会在自己的内心深处感受到服从父母的本能驱动力。至于我们身上的理性是天生的，还是后天才有的（各大学院对此问题有过争论，各哲学流派也长期争论不休），但我想这样说是不会错的，即我们的灵魂中有着理性萌芽；此萌芽若受到好的建议和好的例子的扶持，它就会在我们身上成长为美德。相反，如果此萌芽受到各种恶习的不断抑制，它就会夭折。显而易见，对所有人来说，任何人都不能否认：大自然是上帝的第一使者，也是人类的恩人，它以同样的方式，或者使用同样的模子造就了我们，以此来表明我们都是平等的，或者说，我们都是兄弟。如果大自然在分配自然才能时，赋予一些人更多的身体和精神才能，另一些人则少一点，那么这并不意味着它想把我们置于一个类似于比武场的世界中；它并没有把那些更强大、更敏捷的人派到这个世界上，让他们像绿林武装强盗那样来围捕弱者。毋宁应该相信，大自然给一部分人更多的才能，给另一部分人较少的才能，它这是想让人类之间产生兄弟友爱，让人类身体力行这种友爱。这样，有能力的人可以提供援助，其他人则需要接受援助。所以，大自然这位善良的母亲，它把所有的土地都给予我们众人，作为我们的住处，让我们生活在同样的苍穹之下；它用同样的材料造就了我们，以便让每个人在邻居身上看到自己，就像在镜子中看到自己一样。如果大自然还把声音和说话本领给予我们，那是为了让我们相互接触，并兄弟般相处；通过思想的沟通和交流，让我们达到思想和意愿上的融洽。如果大自然试图千方百计在我们人类之间编织、强化我们相互关系的纽带，强化人类社会的联系；总之，如果大自然通过一切事物在展现其意愿：我们不仅是团结的，而且可以说，我们大家共同构成一个整体；那么，既然我们大家都是平等的，我们众人生来就是自由的，谁还能对此有片刻的怀疑？大自然一方面让我们相互做伴，它却又希望某些人①沦为奴隶，谁也不会这样

---

① 拉·波埃西应该更有理由说：几乎全体人类沦为个别人的奴隶(法语译注)。

认为。

　　事实上，自由是否天生，这实在没有必要去讨论。任何人，只要他处于奴隶状态，他必然会感到极大的伤痛。世界上没有任何事情比不公正更加违背天性（理由太多了）。还能说什么呢？自由就是天生的。依我看，我们不仅天生就拥有自由，而且我们还有意愿去捍卫自由。假如有人对此表示怀疑，或者有些人的天性如此退化，竟然不知道他们天生拥有的财富，也没有爱护之心，那么请允许我向他们表达他们理应得到的尊敬，这么说吧，我将把动物置于椅子上，我想由此来开导他们，让他们知道自己的天性和所处状态。如果人类想理解动物，动物（上帝快来帮我呀！）就会对他们高呼：自由万岁！有些动物一旦被捕获，它们很快就会死亡，如鱼类一旦离开水，它们就会丧失生命。有些动物会听任死亡降临，不愿在丧失天性自由之后还活着。（如果动物之间也有等级之差，有优越地位，在我看来，他们也会崇尚自由的。）其他动物，从最大的到最小的，一旦将它们捕获，它们会以爪子、角、蹄、嘴做殊死搏斗，由此鲜明地表示它们是多么珍视它们被抢夺的财富。其次，如果被捕获，它们会以极其众多的方式来表达它们的痛苦感受；然后会看到它们无精打采，而不是欢蹦乱跳，因为它们永远不可能在奴役状态中感到快活，它们在丧失自由后便不停地悲鸣，这一切都是显而易见的。大象会奋力自卫，直至精疲力竭；当大象看不到希望，眼看就要被捕获，它会拼命咬树木，并折断其象牙，这能意味着什么呢？既然它的最大愿望就是自由，如同在自然状态中那样，它会想到和猎人做一笔交易，它想看看，它是否能以它的象牙为代价脱身，或者它想以它的象牙为赎金，赎回其自由。还有马！当马降生时，我们就训练它服从。然而，一旦我们要驯服它，用马刺刺它，那么我们的关心照顾，我们的抚摸都不足以使它不乱咬嚼子，乱尥蹶子；它由此当然想表明（依我看）：如果它服从，并非出于自愿，而是出于被迫。我们还能说什么呢？"……牛套着轭在呻吟，鸟在笼子里哭泣。"正如我以前在业余时间写的诗句那样。

所以，一切动物都会眷恋它们的存在，都会感受到被奴役的痛苦，并追求自由；哪怕是那些生来就为人类服务的动物，就连它们也是在表达了反抗意愿之后才会屈服。如此说来，到底是什么可悲的邪恶竟然能够如此扭曲人的天性，竟至于使人完全忘记了他们最初的状态，甚至遗忘了要恢复此状态的愿望？须知人实在是生来就是为了过自由生活的唯一动物。

有三大类暴君，我指的是那些坏君主。有些人是通过人民的选举才占有王国；①有些人则通过武力征服获得；还有人是通过世袭继承而得。那些通过武力征战而成为君主的人，他们以战胜者的身份出现在战败国，对此人看得很清楚，也说得很有道理。生而为王的君主，他们通常并不比前者好，他们在暴政中诞生，也在暴政中长大，他们在吮吸奶水时就秉承了暴君的本性，他们把顺民视为他们继承来的农奴；无论他们的秉性是吝啬贪财还是挥金如土，他们挥霍王国的国帑都如同他们继承来的私产。至于由民众选举出来的君主，看来他应该是比较可以被忍受的，我想应该这样；然

---

① 使用王国这个词，拉·波埃西无疑是想说：统治的权利，而不是拥有领土（法语译注）。

而一旦他看到自己身居如此高位，在万人之上，为人们称之为伟大这种东西而陶醉，他就会下决心去保存他的地位。他几乎总是认为，他可以把民众赋予他的权力传给他的子孙。一旦他有了这样的想法，人们会非常奇怪地看到，他会在一切邪恶，甚至在残暴方面也超过所有其他君主。为了巩固其新的暴政，他找不到更好的办法，除了提高臣民的屈服程度；不管民众对自由如何记忆犹新，他会竭尽全力使臣民远离自由概念，直至民众对自由的记忆从他们头脑中消失得干干净净。所以，说实在的，我当然看到这些暴君之间会有个别差异，但我不会选择他们中的任何一类：因为他们登上王位的途径不同，但他们的统治手段差不多总是一样的。由人民选出的君主，他们视人民为有待驯服的公牛；征服者视人民为其猎物，自认为对人民享有一切权利；继承王位的君主则视人民为一大群自然属于他的奴隶。

关于这一点，我想提一个问题：如果今天有一批全新的人物诞生，他们既不习惯于奴役状态，也不希望自由，他们甚至连奴役和自由这些名词也不知道，如果让他们选择是做奴隶还是做自由人，他们会作出什么选择？毫无疑问，他们会服从他们唯一的理性，而不是选择服从一人，除非他们像以色列的犹太人：以色列犹太人选择了一位暴君，[①]然而他们没有任何理由这样做，他们也没有受到任何强迫。每当我读犹太人的这段历史，我总是感到极大的义愤，这居然使我对他们变得几乎有些不太人道，竟然对他们后来所遭遇的所有灾难感到高兴。因为，只要人还有一丝人性，要使人沦为奴隶，至少必须有两个条件中一个：或者他们被迫为奴，或者他们被欺骗。被迫为奴，比如被外国军队征服，如斯巴达和雅典就被亚历山大的军队征服；或者由于内乱而被迫为奴，就像很久以前的雅典政府就沦陷，落入庇西特拉图（Pisistrate）[②]之手。至于受蒙骗，民众也会丧失自由，他们并非经常受到他人的蛊惑，他们主要是由于他们自己的盲目所致。譬如，当锡拉库萨（古代西西里岛的首都）的人民四处受

---

① 作者无疑指制定王位制度，以取代士师制（G. Allard 注）。
② 雅典政治家（？—前 528）。曾两度为僭主，但两次都被推翻。他最后在前 546 年夺取权力。他的儿子们继续其独裁官统治，直至前 510 年。参见希罗多德《历史》，卷 1，59—64（G. Allard 注）。

敌人包围，他们只考虑到一时的危险，完全没有对未来的预见，结果他们选举邓尼斯一世，[①]让他成为军队总指挥。邓尼斯聪明、狡猾，当他凯旋回到城里，好像他战胜了自己的民众，而不是战胜了敌人，他首先自任国王将军，[②]然后又自任僭主王，[③]直到此时，锡拉库萨人民才意识到他们一手造就了一个如此强悍的人物。多么令人难以置信，人民在受到一个骗子的蛊惑而沦为奴隶，他们立即陷入堕落状态，竟然完全忘记了他们的所有权利，几乎无法再从麻木中唤醒他们，让他们去重新夺回他们的权利；看着他们如此屈从，又是如此心甘情愿，几乎可以说他们不仅丧失了自由，而且还

---

① 邓尼斯一世（前431—前367）。人民大会任命邓尼斯为指挥官，他却立刻建立了军事专政（前405）。他征服了西西里岛，后来又把权力交给他的儿子（G. Allard 注）。

② 相当于今日所谓王国总司令官（法语译注）。

③ Tyran（暴君）这个词，最初只表示一种头衔，并无任何败坏名誉的意思。正是邓尼斯之类的强盗式人物才给该词带来了后来的可憎含义。以今日欧洲的情况来看，邓尼斯也许会采用国王、君主或公爵之类的称呼（法语译注）。

　　Tyran 一词源于古代小亚细亚西部国家吕底亚语，意为"主"、"王"。由于这一来源，该词也指东方专制君主。在古希腊，指那些不通过世袭、选举等常规程序而从法获得权力，并统治城邦的统治者，也称僭主。这些人的统治在历史学家和人民看来，非同寻常，时常伴有暴力性质，也许这就是他们被称为 Tyran 的原因（中文译注）。

丧失了对他们奴役状态的意识，沉沦于麻木和令人迟钝的奴隶状态。①可以说，在开始的时候，人们的确是出于不得已，被迫屈从，但以后就慢慢习惯了；至于后来出生的人，他们从来就没有经历过自由，甚至也不知道自由是怎么回事，他们毫无遗憾地服从，自觉自愿地服从，而他们的父辈则是出于被迫才服从。所以，在枷锁下出生的人，他们在奴役状态中长大，受到的也是奴役教育，他们看不到以前发生的事情，他们满足于生来就如此的生活；他们除了生来就拥有的，他们不会想到其他的权利，也不会想到其他的财富，他们甚至把自己的出生状态视为他们的自然状态。但不管继承人是多么挥霍的败家子，也不管他是多么漫不经心，他总有一天会去看一下账册，看看他是否享有他继承的所有权利，核实一下是否有人侵犯了他或者他的先人的权利。然而，在所有方面，习惯却对我们的行为起着举足轻重的作

---

① Esclavage(奴隶状态)比 servitude（奴役状态）更加严厉。奴役状态让人戴上枷锁，奴隶状态则让人戴上铁枷锁。奴役状态压制自由，奴隶状态则摧毁自由(同义词辞典)(法语译注)。

用，它尤其有能力让我们学会屈从；久而久之（就像人们传说的米特拉达梯的故事，他最后习惯于饮用毒药），习惯就能让我们喝下奴役这一苦涩的毒药，而且并不令人恶心。毫无疑问，正是自然首先按照它给予我们的好的或坏的倾向来指导我们的行为，但又必须承认：自然对我们的影响力还不如习惯，因为不管自然天性有多么好，如果不去维护它，它就会丧失；然而习惯却总是以它的方式来塑造我们，不管我们的自然倾向。自然给予我们的善的种子是如此脆弱，如此微不足道，它绝对无法对抗来自激情的哪怕是极其微弱的打击，也无法对抗与之背道而驰的教育的影响。善的种子很难保存，极易退化，甚至变质。就像这些果树，它们出自同一品种，如果让它们自然发展的话，它们就能保存自己的品种特性；然而一旦人们对之进行嫁接，它们就会结出完全不同的果实。草木也都有自己的属性、自己的天性、自己的特性，但寒冷、时间、土壤或者园丁的手艺，这一切因素都可能毁坏或者改善草木的质量。在一个国家看到的植物，它在另一国家往往会变得面目全非。有人可能在自己家里见过威尼斯人，^①他们是一群生活极其自由的人，即使他们当中最不幸的人也不愿当什么国王，他们所有人都这样出生、这样长大；除了尽可能提出好的建议并维护他们的自由，此外他们没有别的奢望；他们从摇篮开始就受到这样的训练和教育，即决不出让一丝一毫的自由去换取人间的所有其他快乐。我说，谁在看到威尼斯人，在离开他们之后，然后再到我们称之为大老爷^②的庄园里，在那里他看到另一群人，他们生来就是为了服从他，他们愿意贡献自己的全部人生去维护他的权力，能设想这两种人群属于同一类型吗？或者，他可能会想：他在离开人的城邦之后，走进了一个动物的公园？^③据

---

① 当时的威尼斯人还处在共和国时期。他们是自由人，后来变得强大；他们再由强大变得富裕。结果他们被财富腐蚀，再次沦落至奴隶状态，发生退化。威尼斯人，也几乎包括这个美丽意大利的其他地方的人，他们今天正在遭受奥地利的棍刑！这又是一个种类、个体、民族衰退的证据(法语译注)。

② 土耳其皇帝的旧称。土耳其帝国由奥斯曼一世建于 1300 年，帝国的版图不断扩大，在拉·波埃西的时代，它包括匈牙利、罗马尼亚、南斯拉夫、保加利亚、希腊、中东和埃及(G. Allard 注)。

③ 我们今天并未如此粗暴地对待这些可怜的伊斯兰教徒。他们当然远不是我们希望看到的样子，但他们也许比某些其他腐化堕落的人民更接近复兴。某些人民被腐化的制度所支配，腐化深入骨髓，他们活着，过着枯燥呆板的生活，忍受着人权极不确切地称为立宪政府的沉重负担。我设想，土耳其的专制体制从来没有像这些所谓代表政府那样如此损害神圣平等的大原则，这些代制政府是由自由主义产生的杂种，在那里，美食在保尔·库里埃这位好人的锅里沸滚，但却以我们的利益为代价(法语译注)。

说，莱格古(Lycurgue)这位斯巴达立法者，他饲养了两条狗，它们是亲兄弟，从小喝着同样的奶水，[1]但他让一条狗习惯于家庭环境，让另一条狗习惯于在田野里奔跑，习惯于猎号和角号[2]的声音。为了向拉栖第梦[3]人展示教育对天性的影响力，他把两条狗置于广场上，然后把一盘狗食和一只野兔放在它们中间，一条狗奔向狗食，另一条狗则扑向野兔。他接着说，你们都看到了吧，然而它们可是亲兄弟！这位法官出色地给拉栖第梦人上了一堂很好的课：他们中的每个人都应该宁可死一千次，也不要屈服于一个主人，或认可斯巴达以外的任何其他制度。

薛西斯是一位伟大的波斯国王，我很高兴在此提到其宠臣关于斯巴达人的传话。话说薛西斯国王正在备战，准备征服整个希腊，他派使臣到希腊的若干城市去，让他们去要水和土(当波斯人勒令城市投降，他们就使用这样的象征性语

---

[1] 此段取自普鲁塔克的一篇文章，题目是："应该如何喂养孩子？"，见 Amyot 的译本(法语译注)。

[2] 据 Nicot 解释，小号角的用途是：人们吹角，以此呼唤、或呼叫狗；从前的驿站马车夫经常使用(法语译注)。

[3] 古希腊城市，即斯巴达(中文译注)。

言），但他没有让使臣去斯巴达和雅典，因为他的父亲大流士曾经派使者到这两个城市，也让他们提出相似的要求，但斯巴达人和雅典人把一些使者扔进土坑，将另一些使者扔进水井，并对他们说："请随意拿取水和土吧，并请你们把它们上交给你们的君主。"斯巴达和雅典这些骄傲的共和主义者，他们无法忍受有人侵犯他们的自由，哪怕是一些微不足道的言论。然而，斯巴达人感到这样做不妥，他们也承认冒犯了自己的神灵，尤其是 Talthybie[①] 这位传令官神灵。为了让神灵息怒，斯巴达人决定派两位公民到薛西斯那里去，听从其随意处置；薛西斯的父亲曾派出使者，结果被杀，薛西斯可以处死这两位公民，为被杀使者复仇。两个斯巴达人，一个叫Sperthiès，另一个叫 Bulis，他们自告奋勇，自愿为国捐躯。于是，他们开始了行程。当他们来到一个波斯人的官邸，他叫叙达涅斯，他是负责亚细亚所有沿海城市的国王副长官，他非常体面地接待了斯巴达使者。在进行了多次谈话

---

① 按荷马《伊利亚特》的说法，Talthybie 是阿谢军队的传令官，出生于斯巴达，他至少在斯巴达被认为是半神(G. Allard 注)。

之后，副长官就问：你们为什么如此骄傲地拒绝了一位伟大国王①的友谊？他又补充说，"就来看看我的例子吧，国王知道如何奖励那些值得奖励之人，请相信，如果你们也为他效劳，并且他也认识你们，那你们肯定被任命为某个希腊城市的总督。"斯巴达人回答："叙达涅斯，关于这一点，你不可能给我们提出什么好的建议，因为如果你品尝过你对我们许愿的幸福，那么你完全不知道我们享有的幸福。你感受到一个国王的宠爱，但不知道自由是多么美妙，你完全不知道自由带来的无上快乐。唉，如果你哪怕对自由只有一个概念，那么你就会建议我们去捍卫它，不仅仅是用矛和盾，而且还要用手和牙齿。"只有斯巴达人说得对，但这里每个人都按照他所受到的教育来说话。因为对波斯人来说，他不可能为他从未享受过的自由而感到遗憾；相反，斯巴达人已经享受过这一美妙的自由，他们完全不能设想：人竟然能够生活在奴隶状态中。

当乌提卡德小加图②还是孩童，并处于教师的监管之

---

① 参见希罗多德《历史》，卷1，7，422页(法语译注)。
② 古罗马政治家(前95—前46)(中文注释)。

下，他经常去看望西拉独裁官①，他可以随意进出，这既得之于他的家庭背景，也因为他和西拉有亲属关系。每当他去西拉处，总有他的家庭教师陪同，这是当时罗马贵族子弟的惯例。有一天，就在西拉的官邸，西拉也在场，或者这也是由他下令的，小加图看到有人在监禁一些人，判决另一些人。一个人被判流放，另一个人被处以绞刑；有一个人建议没收一位公民的财产，另一个人则要求处以死刑。总之，这一切好像不是发生在城邦执政官官邸，而是发生在人民的暴君统治之下；这不像是发生在法律的圣殿，而是发生在暴政的洞穴之中。小加图这位名门后生，他对家庭教师说："为什么你不给我一把匕首？我可以把它藏在我的长袍里面。我经常进入西拉的卧室，而他还没有起床……我也有足够的臂力拯救共和国，摆脱西拉。"这就是小加图的一个想法，这也是其死得其所的一生的开始。但是，还是不要指名道姓，

———————

① 罗马将军和政治家（前138—前78）。西拉是贵族派首领，其政敌是马略。他在公元前82年击败人民党派，成为终身独裁官。他试图重振罗马。他在死前一年突然退出政坛（G. Allard 注）。

也不要提及国家，还是仅仅就事论事吧。事实就是事实，有人也许会说：这孩子是罗马人，出生于罗马，而且生活在真正的罗马，也就是自由的罗马。我为什么要这样说？当然，我并不认为国家和土地能够改变什么，因为不管在任何地方，奴隶制对人来说总是难以忍受的，而自由对人却是珍贵的。因为在我看来，我们应该同情那些出生在枷锁之下的人：如果他们从未见过自由的影子，也从未听人说起过自由，他们并不感到做奴隶的痛苦，我们应该原谅他们，或者宽恕他们。事实上（正如荷马就西美兰人①所说的那样），有这样的国家，那里的太阳出没和我们这里完全不一样：太阳连续照耀六个月，然后人们在黑暗中度过六个月；那些出生在漫漫长夜中的人，如果他们从未听人谈到光明，也从未见过白天，他们习惯于黑暗，那么他们并不希望光明又有什么奇怪？人们从来不会留恋从未有过的东西；只有经历过快乐才会有懊丧，总是在知道什么是美好，才会有对过去快乐的

① 传说中的民族，他们居住在一个太阳不出现的地方。尤利西斯即到那里去召唤亡灵，并询问提瑞西阿斯巫师（出版者注）。

回忆。人是自由的，这是人的天性，人也愿意如此；但是，只要教育朝向另一方向，人也非常容易形成完全不同的习性。

我们可以说，人生长于其中的环境，以及人所习惯的所有东西对人来说就是自然的；但只有受到其单纯而未变质的天性呼唤的东西对人才是天生的。所以，自愿为奴的第一个原因就是习惯。就像那些被割去尾巴和耳朵的忠实的马，它们最初还乱咬嚼子，以后就当玩具玩耍起来；他们不久以前被套上马鞍还尥蹶子反抗，现在他们戴着醒目的马具踊跃自荐、昂首挺胸、趾高气扬，佩戴着全套盔甲大摇大摆地走着。他们说，他们一向就是这样的臣民，而且他们的父辈就这样生活。他们还认为，他们应该忍受马嚼子带来的痛苦，并以很多例子来说服自己，还用时间的长度来证实主人对他们的虐待。但是，时间的长度就授权作恶吗？时间漫长的侮辱难道不是更大的侮辱？但总有一些人，他们比其他人更高傲，也更有灵感，他们感受到枷锁的沉重，情不自禁地要去动摇它；他们从不屈服于束缚，他们总是（就像尤利西斯那样，哪怕漂洋过海，跋山涉水，也要再见到自家的炊烟），绝不忘记自己的自然权利，并积极利用所有机会来要求恢复他们的权利。这些人具有清晰的理解力，远见卓识，他们不像那些冥顽不化的愚人，他们并不满足于看到自己的脚下，既不看后面，也不看前方。他们相反回顾过去的事情，以便能够更好地评价现在和预见未来。这些人的思想敏捷，又通过学习和知识使之更趋完美。对这些人来说，即使自由完全丧失，并从这个世界消失，他们会重新把自由带回来，因为他们强烈地感受到自由，他们品尝着自由，并在他们的思想中保存着自由的种子；为奴之事从来不能迷惑他们，不管奴役被打扮得多么漂亮。

土耳其皇帝苏丹，他就意识到书籍和神圣理论比任何其他一切都更能够启发人，唤醒人们对尊严的热爱和对暴政的仇恨。我就得知，在他所统治的这个国家里，几乎没有学者，他也不要。在任何其他地方，不管信仰自由的信徒多么众多，他们的热情和他们对自由的眷恋都没有用，因为他们互不相识。暴君剥夺了他们做事、说话、甚至是思想的自由；他们心里都有做好事的愿望，但却相互隔离。摩墨斯①不无道理地对被火神伏耳甘制造的人说："在你的内心，并没有一个他人可以看到你最隐秘思想的小窗口。"据说，当布鲁图②和卡西乌斯③准备解放罗马，或者说解放全世界时，他们不愿意西塞罗④参与，虽然后者是一位无与伦比的伟大、且漂亮的演说家，但他们认为他的内心过于脆弱，难以担当重任。他们当然相信后者的善良愿望，但不相信他有胆量。如果谁想回顾一下历史，不妨打开古代编年史，就会坚信：几乎所有的人，当他们看到自己国家的情况不好，并由不称职的人领

---

① 神话故事中爱讽刺和嘲笑的人物；按赫西俄德的说法，她是努特的女儿，赫斯帕里得斯的姐姐（出版者注）。

② 也称小 Brutus，罗马政治家（前 85—前 42）。他出身平民；前 48 年，他在庞贝身边参加了法萨罗战斗；但他接受了战胜者恺撒交予的很多政治事务。他是谋杀恺撒的主谋，他在 Philippes 败于 Marc Antoine 的军队后自杀。Marc Antoine 是恺撒的精神继承者之一（G. Allard 注）。

③ 罗马将军（？—前 42）。他是庞贝的同盟者，但也获得恺撒的宽容待遇。可他却是谋杀恺撒的煽动者。他的军队在 Philippes 失败，他也自杀（G. Allard 注）。

④ 罗马演说家、哲学家和政治家（前 106—前 43）。公元前 77 年，在西拉独裁官死后，他回到罗马继续其律师职业并开始其政治生涯。在他任执政官期间，他击败了阴谋推翻共和制度的 Catilina。后来，当罗马共和国的政治力量无可挽回地分裂为自相残杀的党争，他和庞贝联合，之后又接受恺撒的胜利。恺撒死后，他遭 Antoine 忌恨，被暗杀。关于《论自愿为奴》中这一段历史，可以参阅普鲁塔克的著作：《西塞罗的一生》42 章；《小布鲁图的一生》12 章（G. Allard 注）。

导，他们于是就发愿要拯救国家，他们轻而易举就达到目的；其次，自由为了自身利益也总要来助一臂之力。哈摩获乌斯、阿利斯托吉通、特拉西布尔、大布图、Valerius，还有迪奥，[①]他们都是如此，他们设计了一个非常合乎道义的计划，并幸运地执行了计划。要完成这样的丰功伟绩，几乎总需要顽强的意志来确保成功。布鲁图和卡西乌斯成功击中了恺撒，使他们的国家免于奴役。不错，他们是在试图重新恢复自由的时候才死亡的，但他们是光荣就义；无论是关于他们的生活还是关于他们的死亡，谁敢去寻找他们身上的瑕疵？相反，他们的死是一个巨大不幸，并使共和国成为一片废墟；依我看，

---

① Harmodius、Aristogiton 暗杀了庇西特拉图的儿子 Hipparque，后者为雅典僭主。关于他们的谋杀和动机，有多种不同说法。

　　Thrasybule，雅典将军和政治家（前 445—前 388）。他是推翻四百寡头政府的军事政变头领，之后他又与三十僭主斗争。他于公元前 403 年在雅典重建民主制，他参与城邦的政治和军事活动直至去世。

　　大布鲁图，半传说性质的罗马英雄。据说他于公元前六世纪，和他人一起推翻了王权，他极力主张建立共和国。他建立了共和国，并极大巩固了政权。他还亲自下令处决了他的儿子们，后者参与了反对年轻共和国的活动。

　　Valerius，罗马政治家。他于公元前 509 年任执政官；他和布鲁图同为罗马共和国创始人。

　　Dion，希腊政治家。他是柏拉图的朋友，锡拉库萨僭主小 Denys 的叔叔，他于公元前 366 年被流放。在成为一支强大军队的首领之后，他最终夺取锡拉库萨并建立共和国，但他很快就被暗杀（G. Allard 注）。

共和国也和他们一起被埋葬了。此后，也有不少人试图谋杀罗马皇帝，但都不过是个别野心家的谋反，他们的失败和不好结果并不令人遗憾，因为他们所要的，显然不是推翻帝制，而只是使皇权①更加堕落，他们只想驱除暴君，但保存暴政。②

---

① 著名的吉伦特派就是这样。1792 年 6 月 20 日，他们逃离立法议会，来到杜伊勒利王宫，在那里控制了旨在反对卡佩暴君的神圣的民众起义。他们拯救了暴君，而此时的帝位很容易被推翻，他们甚至就在帝位上给暴君戴上已被国王脑袋玷污的红帽子，他们还让暴君拿着酒瓶喝酒。仅仅就这一奸诈、冷酷、背信弃义的举动来说，吉伦特派后来的遭遇完全是罪有应得（法语译注）。

　　这句话，我参阅了梅斯默版本，并对照好几个现代法语译本，似应译为："……他们并不想推翻帝制，而只想换一个人当皇帝；他们试图驱逐暴君，但保留暴政。"（中文译注）

② 这实在是绝妙地符合我们现代历史的一大特征，很少有人关注这一点，只是那些阴谋家却屡屡尝试，后来还加以利用，但以牺牲人民的巨大利益为代价。可以举一个例子。当波拿巴从 Elbe 奇迹般地回来后，他使坐在帝位上的波旁皇族惊恐万状。这些暴君们走投无路，被吓呆了，不知如何是好，可还要说大话，有些人到里昂虚张声势，并从那里像胆小鬼一样撤走；另一些人试图在巴黎抓人，他们一方面怀疑著名的富歇和使他们惊恐的返回者有勾搭，但他们同时又想获得他的支持。富歇逃离了他们的魔爪，离开了他们的狂怒。两天之后，他们认为应该和富歇交往，并派给他一名外交人员，这就是狡猾的维特罗尔。富歇对维特罗尔说："你去救君主，我负责拯救君主制度。"这句话说明了富歇这个卑鄙家伙的狡诈为人。事实上，波旁皇族撤退了，波拿巴来到了，当然也带着他的登基癖好。富歇成为波拿巴的大臣，他后来又背叛了波拿巴，和同盟国串通，把波拿巴送往圣－艾伦岛。富歇又成为另一个狡猾的人——路易十八的大臣。而路易十八也丝毫不厌恶和富歇共事，虽然富歇曾经把他的兄弟送上断头台，也不厌恶和富歇一起制定规范条例，这些条例标志着他东山再起。实际上，富歇这个可恶魔鬼的血腥前科非常符合路易十八的虚伪和怯懦的残酷，路易十八缺的仅仅是犯罪的胆量，否则他就可以成为最凶猛的暴君（法语译注）。

像这些人，如果他们成功了，我会非常愤怒的；我很高兴，他们以自己的例子表明：不能滥用自由的神圣名义来达到他们的险恶目的①。

　　还是让我们回到原先的主题上来吧，我已经离题太远了。人们自愿为奴的第一大原因，就是他们生来就是奴隶，他们在奴隶生活中长大。由此原因，自然就产生另一个原因：在暴君统治下，人们必然变得怯懦、软弱。依我看，希波克拉底，也就是医学之父，他在一本《论疾病》②的书中就非常正确地揭示了这一点。这位可敬之人无疑有一颗善心，并表现出这一善心；波斯国王想通过大量馈赠珍贵礼物，把他拉到自己身边。希波克拉底却坦率地回答说，③如

---

① 我们的空谈派、复辟自由派和可恶的中庸自由派，他们如此巧妙，又如此经常地滥用这个神圣名词，如果我们可爱的拉·波埃西今天还活着，他会说什么呢？（法语译注）

② 拉·波埃西有误，并非在《论疾病》这本书里，而是在另一本书里，书名是《论空气、水和环境》。希波克拉底在此书中说（41节）："亚细亚民族、希腊人或蛮人，他们中最好战的人，是那些并未被专制统治的人，他们生活在法律之下，他们强制自己遵守法律；相反，那些生活在专制国王统治之下的人民，他们必然是非常怯懦的。"在该书第40节，可以找到同样的思想，而且更为详细（法语译注）。

③ 一场瘟疫正在波斯国王Artaxerxès的军队里蔓延。有人建议国王：在此情况下，可以让希波克拉底帮忙。于是国王写信给Hystanes，后者 （转下页）

果他致力于为蛮人治病，而蛮人却想消灭希腊人，如果他做出任何事情，结果有利于想征服他的希腊祖国的人，那么他的良心会感到不安的。他就此事所写的这封信，也可在他的其他著作中找到，将永远昭示他的良心和他的精彩人格。可以肯定，一旦拥有自由就会迅速丧失勇气：奴隶在战斗中既无热情，也无勇气，他们打仗只是出于被迫，或者说是因为麻木，好像很费劲地了却一桩义务；他们并未感到神圣的自由之火在燃烧，而正是神圣的自由之火使人赴汤蹈火，并希望能够死得其所，光荣捐躯，这将使我们在国人那里永远受到尊崇。在自由人那里则相反，人们你追我赶，争先恐后，大家为一人，一人为大家：他们知道，在失败时，他们每个人都会有一份同样的痛苦，而在胜利时则有一份同样的喜

（接上页）是 Hellespont 总督，他让总督负责把希波克拉底弄到波斯王宫里来，希波克拉底要多少金子，就给他多少；还要总督以国王名义向希波克拉底保证：他可以位于波斯最大贵族之列。总督及时执行了此命令，但希波克拉底很快回复：说他"拥有所有生活必需品，他不能享受波斯人的财富，他也不能利用他的医术给蛮人治病，蛮人是希腊的敌人"。波斯国王致总督的信，以及总督致希波克拉底的信，都收集在希波克拉底的著作后面；上述背景材料也都取自这些信件（法语译注）。

悦。但是奴隶，他们完全缺乏勇气和敏锐，他们的心灵卑劣、软弱，无法完成任何伟大的举动。暴君们对此非常清楚，所以他们竭尽全力让奴隶变得更加软弱、更加怯懦。

历史学家色诺芬，[①]一个最值得钦佩、也最受尊敬的希腊人，他写了一本书，[②]书中有一段西摩尼得斯和锡拉库萨暴君赫农的对话，其中谈到暴君的痛苦。书中有很多善意、但又严肃的警告，这些警告在我看来具有无限的魅力。但愿所有曾经当过暴君的人，能够将此书置于座右，作为一面镜子。他们肯定会在其中认出自己的邪恶，因羞愧而脸红。这本论著谈到暴君感到的痛苦：由于他们危害所有人，他们不得不畏惧所有人。其中提到，坏国王利用外国军队来为其效劳，因为不敢武装被他们百般虐待的臣民。有些国王，甚至就在法国（过去甚于现在），他们就有外国军队为其效劳，但这是为了避免打扰他们的臣民；而为达此目的，他们甚至没

---

① 古希腊哲学家、历史学家（前 430—前 355）（中文译注）。
② 《Hiéron 或国王生活画像》。Coste 翻译了此书，并以希腊文和法语出版，附有注释（法语译注）。

有节约维持外国军队的开支。①这也是西庇阿②（伟大非洲人，我猜想）的看法，他说过：他宁可拯救一个本国公民的生命，而不是战胜一百个敌人。可以肯定的是，如果暴君尚未清除所有拥有某些才能的人，他根本不相信其强权是有保障的。关于这一点，正如泰伦斯③让 Thrason 对驯象师所说的："您自以为勇敢，是因为您驯服了动物？"

暴君的愚民诡计，莫过于居鲁士④对吕底亚人采取的狡诈行为。居鲁士占领了吕底亚首都萨尔代斯，俘虏了国王克里萨斯，把他带在身边；这位极其富有的国王已经投降，正

---

① 我们可爱的拉·波埃西如此宽宏大量地解释我们君主的用心。如果他看到著名的查理十世雇佣的瑞士人向巴黎人民开枪，他肯定不会说这些善良的瑞士人之所以在那里是为了避免打扰法国臣民（法语译注）。

② 也被称为第一非洲人或伟大非洲人（前235—前183），罗马将军，他曾在西班牙，之后又在非洲对抗迦太基军队，并征服迦太基。在其生命后期，他在罗马受到贵族集团的攻击，贵族集体担心西庇阿家族的巨大、持续的政治威望。这里，拉·波埃西可能有误，在《李维》22章，15、25，可看到相似观点，但出自 Fabius Maximus 之口，后者是 Scipion 的政敌（G. Allard 注）。

③ Térence(前190—前159)生于非洲，是一个被解放的奴隶，他是希腊化年青贵族团体成员，西庇阿也是该团体成员。他写了六出喜剧，其中就有拉·波埃西引用的《阉人》，Thrason 即是该剧中的一个人物（G. Allard 注）。

④ Cyrus I，波斯国王(前235—前183)。他是 Cambyse I 的儿子，被认为是波斯帝国创建者。在继承其父王位之后，他战胜了米提亚国王 Astyage 和吕底亚国王 Crésus；他还征服了地中海沿岸好几座希腊城邦，战胜了埃及人和巴比伦人（G. Allard 注）。

听凭居鲁士的处置。这时有人向居鲁士报告：萨尔代斯人民举行暴动。但居鲁士很快就让反抗的民众归顺。他可不想把首都这个美丽城市洗劫一空，也不愿意总是被迫维持一支军队来控制该城，他想到了一个绝妙的方法来确保对首都的占领。他广建各类荒淫场所，其中有妓院、小酒店、公共娱乐场地等；他还下令引诱国民沉溺于各种恶习。他对这种驻守方式非常满意，他后来再也不用拔剑去对付吕底亚人。这些可悲的民众很乐意发明各种娱乐方式，以至于拉丁文中就有一个词来自他们的语言，该词就是我们现在所谓"消遣"；他们还把 Lydi 称为 ludi。当然，并非所有暴君都如此明目张胆地宣称要弱化其臣民；居鲁士如此明确地下令这样搞，但大部分暴君只在暗中进行。说真的，这就是人民中无知者的自然秉性；通常，这样的人在城市特别多。无知的人民对热爱他们、忠诚于他们的人抱怀疑态度，然而对欺骗、并背叛他们的人却抱信任态度。不要相信没有任何鸟不堕入诱鸟笛的陷阱，没有任何鱼不为了一点诱饵而上钩，这些民众也同样很快就受到诱惑，走向奴役，只要给他们一点点糖果，或者让他们品尝一下。他们如此迅速地受到诱惑，而只要稍微挑逗一下，这实在是一件奇妙的事情。

戏剧、游戏、滑稽剧、表演、角斗士、珍奇动物、奖章、名次榜，以及诸如此类的毒品，这些都是奴役古代人民的诱饵，是夺取他们自由的补偿，也是暴政的工具。①这套制度、这些做法、这些引诱方式，都是古代暴君用来使其臣民沉睡于奴役之中的手段。于是，昏头昏脑的人民认为这些消遣方式不错，为一种迷惑他们的乏味游戏而高兴，逐渐习惯于屈从，其愚蠢和由此而来的恶果更甚于那些观看带有插图书籍图片的小孩，因为小孩至少还可以从中认字。罗马暴君更进一步强化了这些手段，方法是经常宴请公民十人队，②把这群无知的人群喂饱，从他们最容易缴械的地方——嘴巴之乐，由此入手来恭维他们。就算他们中间最有

---

① 唉，难道我们现在没有类似的节目？美洲印第安奥莎氏土著、长颈鹿；香榭丽舍大街上的民宴、一次又一次让人品尝的美酒、免费发放的火腿熟香肠，阅兵、仪仗队；夺彩杆、气球；水上比力赛、免费表演；灯节、焰火；在练兵场举行的赛马比赛；在博物馆或在大型工业集市举行的展览；最近则有著名的极其昂贵的纸质飞舟；最后，股票交易所的游戏比上述一切都更加卑鄙，古人当然是不知道的(法语译注)。
② 民众聚会，以每十人为一组，其饮食费用由国家公帑支出(法语译注)。

知识的人，他们尚未离开喝汤的盘子就重新获得了柏拉图①
《理想国》中的自由。暴君只要动用四分之一麦子，一
setier② 单位的酒和若干小银币，③这就绰绰有余了，就可以
听到民众高呼"国王万岁！"这着实让人可怜。但那些笨蛋
却没有意识到：当他们收到这一切，这不过是收回他们财富
的一部分而已；即使他们回收到的这部分财富本身，如果不
是暴君在此之前从他们那里夺取，他是不可能把这部分财富
还给他们的。他们今天拾取几个小银币，在公共宴会上大吃
大喝，为提比略④和尼禄⑤的慷慨大方感激涕零；可就在第二
天，他们不得不抛弃自己的财产去满足这些杰出皇帝的贪
婪，献上自己的子女去满足其淫荡，流血牺牲去满足其残

---

① 此为柏拉图一本著作的书名；书中内容当然为虚构，但令人赞叹，也有可
　能实现，条件是所有人都有智者的德行；智者就是预言家苏格拉底，他在
　书中现身说法教育民众（法语译注）。
② 古时候液体容量单位，合 8 法国品脱（中文译注）。
③ 罗马人使用的货币单位，其最小价值大约为 5 法郎 50 生丁（法语译注）。
④ 罗马皇帝（前 42—37）。奥古斯丁的养子。他征服了日耳曼部分地区，他在
　公元 14 年成为皇帝。其统治颇为老练，但被种种罪行玷污；他执政多年之
　后，退居 Capri，把帝国交给其大臣 Séjan（G. Allard 注）。
⑤ 罗马皇帝（37—68）。于公元 51 年成为 Claude 的养子。他借助于母亲
　Agrippine 的阴谋诡计于 58 年成为皇帝。开始的时候，其统治还算好，甚至
　比较温和，但很快就上演了一系列丑闻和血腥事件。他最后在整个帝国的
　一片反对声中悲惨地死去（G. Allard 注）。

暴，一言不发，如同石人；一动不动，如同树根。无知和愚蠢的人民从来就是这样：他们放荡，向往快乐，但却不能老老实实地享受快乐；他们一方面对不公和痛苦无动于衷，却又不能老老实实地忍受不公和痛苦。据我现在来看，每当听到有人谈到尼禄，哪怕仅仅听到这个万恶魔鬼，这个丑恶、淫荡的凶恶野兽的姓名，没有人不为之战栗。但还必须说，在他死后，他的死和他的生同样令人作呕，赫赫有名的罗马人民为他感到极大悲痛（回忆起他执政时期的种种游戏，还有宴会），快要为他服丧了。塔西特是一位出色的作者，一位最敢讲真话的历史学家，他值得我们的信赖，至少他就这样向我们确保这一事实。①如果考虑到罗马人民在恺撒死后的所作所为——恺撒曾践踏所有法律，剥夺罗马人的自由，那就不会为此感到奇怪。在恺撒这个人物身上，人们特别颂扬（在我看来）的地方，那就是他的人性；虽然人们如此赞美

---

① 这位历史学家说："人民中最卑鄙的家伙，即习惯于看杂耍和看戏之乐的那部分人，奴隶中最腐败堕落的那些人，还有那些隐藏了自己的财富、盼望天下大乱、仅仅靠尼禄的恶行才得以生存的人，所有这些人都陷于悲痛之中。"（法语译注）

他的人性，但他的人性实际上对他的国家来说，比历史上最残忍暴君的最令人发指的暴行更加有害；因为事实上，正是这一虚假的善良，这一含毒的温情，给罗马人民的奴役饮料加入了蜜糖。恺撒死后，罗马人民的嘴巴里还有其宴会的余味，头脑中还回忆着他的大肆挥霍，他们把广场上的长凳堆积起来，①准备以此崇敬地为他做一个巨大的焚尸柴堆，并将其尸体焚烧成骨灰。之后，罗马人民又为他建造纪念碑，②视之为祖国之父（碑上即刻着这样的文字）。最后，尽

---

① "举行葬礼的日子已经确定。人们在练兵场，也就是在朱莉的墓边，对面就是演讲台，竖起了金色建筑物，类似于维纳斯母神庙。可以看到一张带有金黄色和紫红色的象牙床，床头上放着战利品，以及恺撒被刺死时穿的袍子……在葬礼进行的时候，有人唱着诗歌，以激起人们对恺撒的同情和对刺客的仇恨……为了赞颂恺撒，马克·安东尼让一位传令官宣读元老院公告，授予恺撒人和神的一切荣誉，并宣誓捍卫他，安东尼本人也说了几句。在职的或已经离任的官员们，他们在广场上抬着灵床。一些人想把灵床抬至卡皮托利山丘，也就是在朱庇特圣殿里面火化，另一些人则想在元老院大厅内火化，该大厅由庞贝建造。这时，突然有两个人，身挂佩剑，拿着标枪，他们用火把点着灵床。于是，周围的人赶快往灵床边堆积干树枝、长凳、法官的座椅，包括人们拿来的所有礼品。然后，笛子演奏者、演员，他们脱下为葬礼而穿戴的凯旋衣，撕毁后将之投入大火；军团老兵们也将他为葬礼而佩带的武器投入火中；大部分妇女则将她们以及孩子们佩戴的纪念物品投入大火。这次公共葬礼极其隆重，很多外国人也参加了，他们各以自己的方式在柴堆四周哀号，尤其是犹太人，他们连续数夜来此哀悼。"（引自Suétone所著《恺撒的一生》，第84章）（法语注释）
② 后来在广场上建造了巨大的纪念碑，高达近二十法尺，努米底亚石头，上面镌刻着："祖国之父。"（出处同上，第85章）（法语注释）

管恺撒已死，罗马人民还是给了他太多的荣誉，而本来不应该这样做，除非是给那些杀死恺撒的人。罗马皇帝尤其不会忘记弄一个护民官头衔，一方面因为此职务被认为是合理的、神圣的，还因为此职务的设立是为了保护人民，它最有益于国家。通过这一手段，罗马皇帝就感到安心，因为人民会更信任他们，好像只要听到这个职务的名字就足够了，不用感受到其实际作用。

今天的人未必做得更好：在犯罪之前，哪怕最令人反感的罪行，他们总要先来一番动听的言论，内容关于整体利益、公共秩序，还有穷人的救济。你们都清楚地知道他们使用的言论，千篇一律，言而无信。①他们当中有些人说话，完全没有任何细腻可言，不知羞耻到极点。亚述国王，他们之后还有米提亚国王，他们在公共场合总是在最后才出现，这可以让人民去设想他们身上有超人之物，让人民陷于这种幻觉之中，让人民对尚未见过之物去充分发挥其想象力。就

---

① 这是拉·波埃西在说话；不要有任何怀疑，读者，尤其不要抱幻想……如果你能够做到的话(法语注释)。

这样，如此众多的民族长期生活在这些神秘国王的统治之下，早已习惯于为他们效劳；他们愈是不了解自己的主人，甚至也不知道是否有这样一个主人，他们愈会自愿地效劳，以致他们由此生活在对主人的恐惧之中，尽管从未有人见过主人。

最初的埃及国王，他们出场时总要戴上什么东西，有时头上戴着树枝，有时头上还有火；他们如此装扮，把自己变成了街头杂耍小丑。他们想通过奇形怪状的装扮使臣民对他们敬畏和崇拜；如果臣民并未傻到如此地步，或者也没有堕落到不可救药，臣民们只会感到荒唐并哈哈大笑一番。听到古时候暴君为建立暴政所做的这些事情，真是令人感到可悲。暴君们为此使用了无数雕虫小技，他们总能够找到使他们称心如意的无知民众；他们只需为民众的轻信设下陷阱，民众就会自投罗网。所以，当暴君们愈能肆意地嘲弄民众，他们愈能轻而易举地欺骗民众，并出色地奴役他们。①

有一个无聊的谎言，我不知道说什么好，但古代人民却

---

① 啊！就此一击，可以说拉·波埃西预先写好了发生于 1830 年后某些国家的历史(法语译注)！

视之为确凿的真理。他们坚信伊庇鲁斯国王皮洛士的脚趾能够产生奇迹，能够治愈脾脏疾病。他们还给这个故事添油加醋：当皮洛士国王的尸体被焚烧后，他的脚趾依然在火堆中，完好无损。人民总是这样愚蠢地创造一些荒诞不经的故事，然后对此深信不疑。很多作者都写过这类故事，并反反复复地写，以致很容易看出他们的故事来源不过是道听途说。维斯帕先①从亚述回来，途径亚历山大，他想去罗马征服帝国，人们说他实现了许多奇迹。②维斯帕先能使瘸子不再瘸，能使瞎子的眼睛复明，还有很多这样的奇迹，依我看，相信这些故事的人只能是那些蠢人，他们比那些有人声称能够治愈的患者更瞎。③暴君们自己也觉得奇怪，有人虐

---

① 罗马皇帝(9—79)。政治家和军人，他在公元 69 年被东方军团承认为皇帝。他整顿了公共行政机构，并巩固了帝国(G. Allard 注)。

② "……两个平民百姓，一个是瞎子，另一个是瘸子。他们来寻找维斯帕先，并在护民官官邸找到了他。他们请求维斯帕先使用 Sérapis 神向他们托梦时告诉他们的处方来治愈他们的残疾。瞎子说，如果维斯帕先向他的眼睛吐唾沫，他的眼睛就会复明；瘸子说，如果维斯帕先用脚碰他的腿，他就不再是瘸子。"(引自 Suétone 所著《维斯帕先的一生》，第 7 章)(法语译注)。

③ 我们的法国国王呢? 他们并不比维斯帕先逊色，他们不是也能治愈颈淋巴结核病吗? 这种江湖医术由来已久，就在路易十五的加冕典礼上还在使用。除了这些装腔作势的举动，还有很多其他的玩意儿，也许不那么粗俗，但对可怜的人民却是同样有害的(法语译注)。

待民众，可民众却能忍受他。他们很乐意披上宗教的外衣，有时候还怪里怪气地给自己加上某些神灵的属性，以便使他们的邪恶具有更多的权威性。别人不说，就以Salmonée①为例，他因为肆意愚弄人民——他想让人民相信他就是朱庇特，他现在就处于地狱的最底层，并在那里为其放肆的亵渎行为而赎罪（维吉尔笔下的女巫师就在那里看到了他）：

> Aloüs 的儿子们，他们巨大的身躯躺倒在地，
>
> 他们以其畸形的脑袋划破天空，
>
> 竟敢侵犯诸神的居所，
>
> 要把诸神之王从永恒的王位上赶走。
>
> 在那里，我看到一位亵渎诸神的家伙，
>
> 他以雷电来窃取神的特权，
>
> 以便从人民那里夺走罪恶的香火，

---

① Éole 的儿子，Élide 国王(G. Allard 注)。

四匹高傲的战马，蹄子踩得咯噔噔直响，

拉着一辆缥缈的战车，整个爱丽德城为之战栗，

手持火炬，传播恐怖，

丧失理智，以所谓上苍名义，

又以其战车的声响，从铁桥边，

发出雷声，模仿无法模仿的声音！

但朱庇特发出了真正的雷电，

推翻了战车和战马，雷电及其神，

它们被火的旋风团团围住：

他的胜利是短暂的，痛苦却是永恒的（参见德利勒

所译《Énéide》，卷6）。

　　如果他只是一个愚蠢的狂人，他此刻在地狱正受到极好
的招待，我想这些可悲人物滥用宗教来作恶，他们将会因其
所作所为而受到公正的惩罚。

　　我们的暴君在法国又传播些什么呢？我知道得不是
很多，比如有蟾蜍、百合花、细颈瓶、方形王旗。所有

东西,^①对我来说,不管它是什么,我不愿表示怀疑,因为我们的祖先相信这些东西;而在我们的时代,我们也没有任何机会来怀疑它们,因为我们有一些国王,他们在和平时善良,在战时则勇敢,而尽管他们生来就是国王,看来大自然也没有按一般人的模式来造就他们,而上帝也在他们出生之

---

① 通过拉·波埃西在此给我们提到的这一切东西,如百合花、细颈瓶、方形王旗,很容易猜到他对人们传说的神奇之物的真正态度。亲爱的帕基埃^a和拉·波埃西的观点不谋而合,他在其《法国研究》第八卷,第 21 章中对我们说:"每一个共和国都有一些故事,它们源远流长,人们常常根本无法找到真正的源头;虽然如此,人们认为它们不仅都是真实的,而且具有很大的权威性,被神圣化。这样的标志,我们无论在希腊还是在罗马城,都可以找出一些。同样,我们几乎也使关于方形王旗的古老观念一直延续至今,至于百合花的出现,我们归之于神灵,还有诸如此类的东西,它们虽然没有古代作者的证实,但所有正直的公民都会很有礼貌地相信它们代表了帝国的尊严。"所有这一切东西,就其真正价值而言,意味着相信这类东西纯粹是出于礼貌。在该书另一处(第二卷,第 17 章),帕基埃还注意到:有些法国皇帝的纹章上有三只蟾蜍;而克劳维斯为了让其王国更具神奇性,他"让一位隐居者带回百合花,作为上苍的告示,这一传统一直流传至今。"这一段话无需解释,因为作者没有拐弯抹角,而是直截了当地说明了百合花是从谁开始的。

　　a:亲爱的帕基埃是艾蒂安·德尼斯·帕基埃——法国贵族院现任院长的长辈,他配得上另外一个称呼,甚至好几个称呼,这仅仅是由于共和派阴谋家马莱在 1812 年太过仁慈地加给他的骗局;在 1814 年 3 月 30 日至 31 日夜晚对他的主人皇帝的背叛;他在国民议会(1819 年会议)上模仿西塞罗的滑稽表演,他在谈及反对派的叛乱分子时说:如果他们在动,那么他们之前就这样干过。现在,他的所作所为比这一切都更糟(法语译注)。

前就选择了他们，让他们统治并管理此王国。①如果事实并非如此，我也不愿争论我们的历史真相，不愿意过于自由地对我们的历史吹毛求疵，以免夺走这个美好的主题，而那些关心我们法国诗歌的作者却可以在此大有作为。我们的诗歌不仅大有进步，可以说焕然一新，功劳属于我们的诗人龙萨德、巴伊夫、迪·贝莱，他们促进了我们语言的巨大发展，我敢这样期望，我们很快就可以和希腊人和拉丁人不相上下了，除了他们的资格更老些。可以肯定，我会给我们的节律带来损害（我喜欢使用这个词）；虽然有人把节律变得极端形式化，我仍然看到有相当多的作者尊崇它，使它恢复了最初的光彩。我认为我会给节律带来损害，如果我夺走了关于克劳维斯国王的许多美丽故事；在我看来，我们的龙萨德在其史诗 Franciade 中表现出丰富的想象力，他讲述这些故事充

---

① 这是拉·波埃西插入其书中的唯一的谨慎措辞，作为进入书中所包含的强硬真理的通行证。我忠实地保留了它。再说，此书写于弗朗索瓦二世治下；也有可能作者对路易十二世的新近回忆使他表达这一敬意。但拉·波埃西也经历过弗朗索瓦一世的统治，他当然能够公正地评价这位看重名誉、又自吹自擂的家伙，这位皇家丑角有一句话被受称赞："除了名誉，一切都完了。"结束时却又加上一句令人厌恶的自鸣得意的话："……尤其是我的身体安然无恙，远离任何危险。"（法语译注）

满魅力,又轻松自如。我预感到他的影响力,我也知道他细腻的思维及其风格的优雅。他很合适于叙述方形王旗的故事,就像罗马人讲述神圣盾牌,如维吉尔提到的从天而降的盾牌①的故事。他也将很好地利用我们的细颈瓶,就像雅典人利用 Érisicthone 乌鸦②那样。人们还会在智慧女神密涅瓦的塔楼上谈论我们的纹章。说真的,否定我们的传说故事,把我们诗人的土壤弄得干枯,那我就太鲁莽了。还是回到我的主题上来吧,我也不知怎么搞的,居然如此远离话题。为了巩固自己的地位,暴君们持之以恒做一件事:不仅极力使人民习惯于服从和奴役,而且还习惯于对他们的崇拜。这不是显而易见的吗? 我至此所谈到的关于暴君们用来奴役的手段,他们仅仅把它们用在人民中最无知、也最粗鲁的那部分人身上。

---

① 在努马王统治期间,有一块铜质盾牌从天而降;按女巫爱捷丽的解释,罗马的拯救就取决于这块盾牌。为防止盾牌被盗,努马王下令用此盾牌制造了十二个复制品,这就是神圣盾牌(出版者注)。

② 一位熟练的英国翻译家给这段文字加上一个极为引人入胜的注释,此注释对这个故事一无所知的人非常有用,大致内容是这样的:加里马克在献给谷物和丰收女神刻瑞斯的颂歌中提到一只乌鸦,人们认为它来自上天;每当人们庆祝女神的节日,乌鸦就会在晚上停在女神庙上面。Suidas 说,乌鸦庆典活动开始于 Érisictone 统治时期(法语译注)。

我想，我现在要来谈谈统治的秘密和动力，一切暴政的支撑和基础。谁如果认为卫兵的武器和警卫制度的设立就可以确保暴君的安全，他就完全错了；我想，暴君们的确在表面上加以利用，但视之为吓唬鸟雀的稻草人，并不真正信任。卫士们能够阻挡那些不太机智的人，不让那些没有任何手段去搞破坏的人进入皇宫，但决不能阻挡勇敢的、且有精良武器装备的人，这些人能够尝试做一番事情。当然，很容易做一下统计：在罗马皇帝中，由于卫兵的援救而脱离危险的人，他们的人数要少于被自己的卫兵杀死的人。并非大批骑兵，也不是大量步兵，总之，并非武器在保卫暴君，而总是（简直难以置信，但千真万确）四到五个人在支持他，他们帮助暴君奴役整个国家。事情一向如此，总有五至六人，他们的话暴君能听得进，他们自己能接近暴君，或者他们受到暴君的召唤，让他们成为其暴虐行为的同谋、其娱乐活动的陪伴、其肮脏淫荡活动的推手，也是其掠夺行为的分赃者。这六个人把他们的领袖训练得如此出色，以致他成为全社会的恶人，不仅由于他自己的恶行，其中也有六个人的恶行。

六个人手下又有六百人，他们训练六百人，腐化他们，就像他们腐化暴君一样。六百人手下又有六千人的支持，他们给六千人加官晋爵，或者让六千人治理行省，或者管理国库收入，以便让六千人满足他们的贪婪，支持他们的暴虐行为，或者让六千人及时行动，并得以大量作恶；六千人之所以能够保持其地位，正是由于他们的保护人，而他们能够逍遥法外，这同样得之于保护人的庇护。①至于在六千人之后，人数更为庞大。如果谁想进一步追溯下去，那么他就会看到不是六千人，而是十万人，是数百万人在按此等级关系支持暴君，他们相互之间构成了一张连续不断的巨网，按此巨网可以一直到达暴君本人。就像荷马笔下的朱庇特夸口说：通过编制这样的网，他能够把所有神灵都引到他那里。恺撒统治时期元老院权力的扩大正是为此而来；设立新的职务和衙门，当然不是为了改革司法体系，而是为了给暴政确立新的支撑。总之，由于和暴君们共享的利益以及利益的再分配，

---

① 这一关系表多么真实！谁不说它是今日所作，好像作者眼见我们现在所发生的一切？（法语译注）

最后达到这样一个阶段，即从暴政获得利益的人，他们的人数几乎相当于崇尚自由者的人数。医生也有这样的说法：尽管我们的身体一切正常，然而一旦某个地方出现一个肿瘤，那么所有的体液都会流向这个患处。同样道理，一旦某个国王被认为是暴君，王国的所有坏蛋、败类，我不是说无数的小偷和名声不佳的无赖，这些人在国内既干不了什么坏事，也不能做什么好事，我指那些野心勃勃、又贪得无厌的人，他们就会聚集在暴君周围，支持暴君，希望从中分得一杯羹；而如果在大暴君统治下，他们则希望成为小暴君。如同大盗和海盗，前者发现国内目标，后者追逐旅客；前者隐藏着，后者负责警戒；前者屠杀，后者抢劫。虽然他们之间也有不同等级，有头领，有人只不过是跟班，有人则是团伙的首领，但最后结果却是大家都受益，若不是来自主要战利品，至少也能从打扫战场捞到好处。人们说，不是当西西里岛的海盗①大批聚集就要派伟大的庞培去剿灭他们，而是当

①　西西里岛的居民，以前属于小亚细亚，现在则是土耳其的亚洲部分。以前的西西里岛居民就相当于我们当代的阿尔及利亚人(法语译注)。

他们和一些美丽的大城市结成联盟，他们在打劫之后能够安全地隐藏在这些大城市的避风港里，他们给这些城市一部分赃物作为回报。

　　暴君就这样通过一些臣民来奴役另一些臣民。他由那些他本来应该严加提防的人保护着，问题是这些人现在都堕落了。正如人们所说，要劈柴，就要利用原有木材。①暴君的弓箭手、他的卫兵、他的持戟士兵，都是这样的人。这些人也时常深受暴君的压迫之苦，但这些卑鄙的家伙，遭受上帝和众人诅咒的东西，甘于忍受痛苦，为的是让别人也忍受痛苦，但这个别人并非使他们痛苦的人，而是和他们一样忍受痛苦、却又无能为力的人。当我想到这些人，他们奴颜婢膝地向暴君献媚，为了能够一方面利用其暴政，同时又能够奴役人民，我几乎既为他们的愚蠢，又为他们的恶毒而感到震惊。②

---

　　① 法国谚语：要利用某物，必须使用该物的一部分。从上下文来看：暴君要有人保护，他必须利用人群中堕落者，就像暴君要奴役臣民，他必须利用臣民来达此目的(中文译注)。
　　② 请那些狂热主张温和的先生们不要生气；不是我，而是这位亲爱的艾蒂安，是他三百多年以来就在如此痛骂你们，你们就是该骂(法语译注)。

因为，说实在的，接近暴君，除了远离自由，也可以说，除了双手拥抱奴役，还有别的意味吗？不妨请他们先把野心放在一边，请他们稍微摆脱一下肮脏的贪欲，然后请他们看一下自己，请他们自我审视一番，他们将会清楚地看到：遭他们蔑视，被他们虐待如苦役犯或奴隶①的村民、农夫，我说他们会看到，这些遭受迫害的人比他们更幸福，也可以说比他们更自由。农夫和手工业者，不管他们如何受奴役，当他们服从命令，他们就没有债务；但暴君看他周围的人如同乞丐，正在哀求他的赏赐。他们不仅要完成暴君规定的任务，他们还要猜想他的需要，而且预见到他想要得到什么，并时常去满足他的种种欲望。绝不仅仅要对暴君唯命是从，还要设法讨好他，为此他们要放弃自我，劳心伤神，尽心竭力做好暴君交代的事情，因为他们只以他的快乐为快乐，他们牺牲自己的爱好去迎合他的爱好，由此扭曲了自己的秉性，离开了他们的天性。他们必须时时刻刻

---

① 当他们以傲慢的蔑视眼光看人时，他们称之为"贫民"；当他们愤怒时，则称之为"野人"（参见 1831 年年底《争鸣报》的著名文章）（法语译注）。

注意暴君的话，关注他的声调，观察他的眼神，总之要当心他的一举一动。由此他们的眼睛，他们的双脚和双手时刻不得空闲，必须跟随或模仿暴君的所有举动，窥视、猜测暴君的意图，发现他最隐秘的想法。能说这是一种幸福生活吗？这还叫生活吗？不要说对所有秉性善良的人，仅仅对那些有基本良知的人，甚至只要有人的模样的人，即使对这样的人来说，世界上还有比这种生活更难以忍受的事吗？自己一无所有，他们的安乐、他们的自由、他们的身体、甚至他们的生命，一切都在他人手里，还有比这更加悲惨的生活吗？！

但他们还是自甘为奴，以便积聚财富：但他们什么也不能获得，因为他们甚至不能说他们属于自己。好像有人在暴君的治下能够拥有自己的东西，他们也想占有财富，但他们忘记了正是他们自己给暴君提供力量，使暴君能够掠夺任何人的一切，使任何人都不能说自己真正占有任何东西。然而他们又知道：正是财富使人们更加受制于暴君的暴虐；除了占有财富，或者拥有生存资料，在暴君眼里，没有任何针对他的罪行更配得上死刑处罚；暴君只爱财富，尤其喜欢拿富人开刀，但富人却自投罗网，像羔羊那样来到屠夫面前，他们腰缠万贯，满身肥肉，好像为了激发屠夫的胃口。这些宠臣们不应该如此想到那些在暴君身边发了大财的人，他们更应该想到另一些人，这些人一时间获得无数金银财宝，但随后不仅失去了他们的财富，还要搭上他们的生命。他们不应该老想着有那么多人在暴君身边获得了财富，他们更应该想到能够保持财富的人少得可怜。只要浏览一下所有的古代历史，再思考一下我们还记得的所有历史，那就不难发现：有太多这样的人，他们通过各种卑鄙手段赢得君主的信任，无非是赞美君主的邪恶爱好，或者是利用君主的天真，但他们最后还是被同样的君主碾得粉身碎骨；君主可以轻而易举地提拔他们，他也可以随时随地毁掉他们。毫无疑问，在大量居于坏国王身边的人中间，很少有人，或几乎无人不在某个时候感受到暴君的残酷，但这种残酷正是他们从前为对付别人而挑动起来的；他们时常在暴君的庇护之下靠剥夺他人而自肥，他们无人不最终以自己掠夺来的财富养肥了别人。①

　　对于好人也是如此。如果有一个好人受到暴君的喜爱，那么不管这是一种多么善意的宠爱，也不管他的德行和正直有多么出色，不仅周围的人总是有目共睹，而且还能博得某些坏人的尊敬，依我看，即使这样的好人也不可能在暴君身边待得长久，他必然会感受到普遍的邪恶，并亲身领教什么叫暴政。不妨列举几个人的遭遇，他们是塞涅卡②、Burrhus③、Trazéas④。这三位都是好人，前两位的不幸在于他们接近了一个暴君，而暴君又让他们管理他的事务：两位都受到尊敬和宠爱，其中一位还教育过暴君，因为照料过童年时代的暴君，这应该保证暴君对他的友谊。但以上三个人

---

① 这幅图画，不管它有多么可怕，多么真实，我敢肯定，它绝不会吓到我们那些渴望权势和预算的人(法语译注)。
② 政治家和哲学家(前4—65)。在接受了斯多葛理论之后，他开始介入公共生活，他未能遵守其道德原则。他过了一段流亡生活。之后，Agrippine，即尼禄的母亲，委托塞涅卡负责教育年幼的尼禄。当尼禄当上皇帝并露出其真面目，他和尼禄脱离关系；之后，他离开公共生活，从事哲学著述。最后，尼禄强迫他自杀(G. Allard 注)。
③ 罗马将军(? —62)。他是尼禄的家庭教师，他在一段时间内成功地保持了对年轻皇帝的权威，但尼禄后来还是摆脱了他(G. Allard 注)。
④ 元老院议员(? —66)。Trazéas最初在尼禄身边非常得宠，他渐渐远离权力。他最后被判处死刑，他被割断血管而死。拉·波埃西在此参阅了塔西特所著《编年史》最后几卷的史料(G. Allard 注)。

都死得极其残酷，仅仅这些例子就足以证明不能信任坏主人。事实上，当主人的心可以硬到仇恨整个王国，而王国却对他唯命是从；当主人不知道爱，他在日益贫困，也在摧毁他的统治，对这样的人还能指望什么友谊？①

如果说塞涅卡、Burrhus、Trazéas这几个人遭遇如此不幸，只是因为他们都是大好人，那么我们不妨在尼禄周围寻找一下，我们就会看到那些通过邪恶手段得宠，并得以维持宠爱，他们的最后结局同样不妙。谁听说过如此狂热的情感，如此忠贞不渝的情感？谁又见过哪个男人如此执着地纠缠于一个女人，就像对Poppée的纠缠？唉！算了，她还不是

---

① 当一个国王能够认识到他的真正利益，他不可能不看到："使他的臣民陷入贫困，他必然使自己也陷入贫困，就像这样一个园丁，当他在摘取其果树的果实之后，便开始砍树，要把果树卖了……"这是我从科斯特一段很长的注释中摘出的一段；在该注释中，作者提到亚历山大和达律斯，说他们都留下了美丽的格言。这一段仅仅涉及文中提及的"贫困"一词。难道不可以由此扩大到随后的"摧毁"一词？不妨就此回顾一下尼禄的罪行。有一次，尼禄心血来潮，这也是他的一种消遣方式，他让人火烧罗马帝国的首都，目的是为了看看他的臣民们在焦头烂额之际会扮出什么鬼脸……我们今天还会发生如此令人恐怖的事情吗？……不会，但还是看一看人类的进步吧。如果在尼禄的时代，人类已经发明了火炮和弹药，我敢打赌，他会高兴地让人用枪扫射罗马居民，就像查理十世在1830年7月所做的那样，人们为此很正确地称之为枪手，如果自那以后……赶快闭嘴！！！（法语译注）。

让他自己给毒死了①？他的母亲 Agrippine，她为了把自己的儿子扶上帝位，她杀害了自己的丈夫克洛德；而为了扶持她的儿子，她难道不是无恶不作？然而她的儿子，也是她的学生，而且由于她才登上帝位，开始忍受了她，最后却把她杀死②。没有人否认，她的最后结局是她罪有应得；但如果这一结果是任何其他人给她的惩罚，也许人们都会为此拍手称快。有谁比克洛德皇帝更加容易玩弄，比他更加天真，更确

----

① 按Suétone 和塔西特的说法，尼禄有一次大发雷霆，一脚踢到正在怀孕的Poppée的肚子上，结果把她踢死。塔西特又补充说，有些作家认为Poppée是被尼禄毒死的，此说是出于偏见，而不是基于认真思考(法语译注)。

② "……他曾三次企图使用毒药，等到发现她带着解毒药，于是他制作一块天花板，可以人为地让天花板在晚上软化，当她在睡梦中掉下，把她压死。但由于其同谋不慎，计划被泄露。然后他设计了一艘船，它会自动打开，把她淹死，或者以碎片把她压死。于是他假装和她和解，给她写信，肉麻地吹捧她，并邀请她来 Baïes，和他一起庆祝 Pallas 节日。他让划船的船长把她乘坐的船打破，好像是一次偶然事故，于是他在餐桌上和她纠缠了很长时间。他坐在自己的位子上，他提出可以让她乘坐另一艘船，让她返回 Bauli，但这艘船上装有机关。他很愉快地为她送行，甚至在和她分手的时候，他还吻了她的胸脯。然后他关注着事情的发展，并带着极其焦虑的心情在等待他的计划的最后结局。可结果他被告知：他的计划并未成功，而他的母亲游泳逃走。他正束手无策，于是他利用了 Agerium 的到来，后者是他的母亲的解放奴隶，此人兴奋地前来向他报告：她已获救。有一把匕首被悄悄地扔在他的身边，他便利用这个借口，让人抓住 Agerium，把 Agerium 捆绑起来，视之为由其母亲派来的杀人凶手，他很快就下令把她处死，以便使人相信：她自杀身亡，以逃避她的罪行被发现"。(引自Suétone所著《尼禄的一生》，第34 章)(法语译注)。

切地说，比他更愚蠢？有谁比他受到一个如 Massaline① 这样一个女人的更大欺骗？他最后还是把她交给了刽子手。暴君愚蠢，当他要做好事的时候，他总是愚蠢的；但我不知是怎么回事，不管他多么没有头脑，到头来，当他的头脑开始清醒，他就要诉诸暴虐行为，② 哪怕是对自己的亲人。另有一个人，③ 他有一句话是相当有名的，当他看到他的妻子裸着脖子，他如此热爱他的妻子，没有她，他好像活不下去，可他却对她这样恭维："如果我下令，这么美丽的脖子马上就会一刀两断。"所以，古代大部分暴君几乎都是被他们宠爱之人杀死的；这些受宠之人都知道暴政的性质，对暴君的意

---

① 罗马皇后(? —48)。她是克洛德第一任妻子；她几乎完全控制了她的丈夫；她的淫荡生活使她最后被皇帝处死(G. Allard 注)。

② 在人们最近的记忆里，查理十世就是这样一个既愚蠢又残酷的例子(法语译注)。

③ 罗马皇帝(12—41)。关于卡利古拉皇帝，Suétone 这样描述其残暴："人们可以通过下述例子来评判他的残酷玩笑。有一天，他站在朱庇特雕像旁边，他问悲剧演员 Appelle：在你看来，是朱庇特还是我更伟大？演员感到为难，迟迟不能回答，他于是让人用鞭子抽打演员，并一边赞美演员恳求的声音，其恳求的声音并未因为其痛苦的呻吟而发生变化。每当他吻他的妻子或他的情人的脖子时，他总不忘加一句：只要我一声令下，如此美丽的脖子就会一刀两断。他甚至说，他会不惜对 Césonie 动用最残酷的肉刑，为的是知道他为什么这么爱她。"(引自 Suétone 所著《Caligula 的一生》，第 33 章)(法语译注)

愿极不放心，时刻提防着他的权威。图密善被斯特潘努斯^①所杀，康英德^②被他的一个情妇所杀，卡拉卡拉^③被百人队长 Martial 所杀，Martial 则是受到 Macrin 的挑唆，还有诸如此类的其他事件几乎都是这样的故事^④。

---

① 罗马皇帝(51—96)。"关于谋杀的酝酿以及他的死亡类型，人们现在所知道的差不多是这样的。密谋者犹豫不决，不知何时动手，又如何袭击他，是在他洗澡的时候或在他用晚餐的时候? 斯特潘努斯是图密善的管家，他正因为贪污受到指控，于是他献计，并自愿提供帮助。为了排除所有嫌疑，他假装左臂疼痛，好几天都用布块和细带子包扎好。到了规定时刻，他在其隐藏了一把匕首；他自要要揭发一个阴谋，于是他被放入。他向图密善呈交了一份材料，图密善在阅读的时候非常吃惊，他就利用这个时候刺中了图密善的腹股沟。虽然受伤，暴君极力自卫，这时，Clodianus，军事号角获奖者(当时的奖章)；Maximus，Parthénius 的解放奴隶；Saturius，内廷十人队长；还有一个角斗士，他们猛然扑向暴君，使他七处受伤而死。"（引自 Suétone 所著《图密善的一生》，第 17 章)(法语译注)。

② 罗马皇帝(161—192)。他是马可·奥勒留的儿子，他最初和其父亲合作统治。公元 180 年，他继承皇位，并突然返回罗马。他的生活极其淫荡，充满罪恶。他最后在一场阴谋中被杀，他的情妇 Marcia 也参与了谋杀(G. Allard 注)。

③ 罗马皇帝(186—217)。他是 Septime Sévère 的儿子，他派人暗杀他的兄弟，后者和他同为摄政者。在一次攻打 Parthes 人的战役中，他被其卫队长 Macrin 杀死(G. Allard 注)。

④ 如此展示这些罗马皇帝的令人恶心的故事，他们的肮脏生涯、他们的残暴、他们的罪行和令人发指的重罪，性质都是如此残忍，有人可能对此表示怀疑。但最值得我们信任的历史学家向我们证实了这些事实。我们现代的暴君们是否没有如此残酷? 是不是他们罪行要小一些，因为他们从事大规模的谋杀? 奥地利温和独裁者的"残暴监狱"，最近对波兰人的屠杀，华沙"秩序井然"，这些事件是否会被历史认为没有罗马皇帝的罪行那么可耻? ……我不这么认为。就我们现在而言，我们就没有我们的尼禄和我们的卡利古拉? 仅仅在北部王国的一个宫廷里，这个宫廷成功镇压了许多民族，在皇家内部不就发生了一系列暗杀事件? 那位著名的费迪南七世，西班牙最后一个暴君，他不就像尼禄那样一脚踢在怀孕的妻子肚子上，由此杀害了他的第一任妻子? 他也是现在的 Caligula，他不是把一杯滚烫的巧克力饮料泼在他的第二位未婚妻的胸脯上? 他在回答他的父亲查理十世时冷淡地说，他这样做，"仅仅是为了看看她会扮出什么鬼脸"。从古至今，所有的暴君都是真正的残暴野兽(法语译注)。

毫无疑问，暴君从来不会爱人，也从来不会被爱。友谊，这是一个神圣的名字，这是一件神圣的事情：它只能存在于好人之间，它产生于相互尊重，它不是由好事，而是由美好的生活和美德来维持的。能够使一个朋友对另一个人感到放心，是知道他的正直。他所拥有的保证，就是对方的善良秉性、诚实和忠贞；哪里有残暴、背信弃义、不公正，哪里就没有友谊。在恶人之间，当他们相互聚集，这是一种阴谋，而不是相互陪伴；他们不能相互支持，而是相互恐惧；他们不是朋友，而是同谋。

　　就算这一阻碍并不存在，那么要在一个暴君身上找到坚定的友谊，那将是困难的。因为暴君一人高高在上，没有和他地位相同的人，他的处境已经超过了友谊的界限；友谊的位子只能存在于完全的公平之中，友谊的行进总是平等的，不能有高低不平。所以，有人说，当小偷之间相互分赃时，也会有某种诚实，因为他们是同僚和伙伴；如果他们并不相互爱护，至少他们相互恐惧，而他们也不愿意因为分裂而削弱他们的力量。然而暴君的宠臣们，他们永远不能对暴君感到放心，因为恰恰就是他们告诉暴君，说他可以无所不为，既没有法律，也没有义务来限制他，他一向只按自己的意志行事，没有人和他平起平坐，他是所有人的主人。尽管有这么多非同寻常的例子，尽管有如此实实在在的危险，却没有人愿意汲取这些痛苦的经验，依然有那么多人如此热衷于接近暴君，这实在是一件非常可悲的事情。没有一个人有勇气，有胆量对暴君说出狐狸对装病的狮子（在寓言故事中）所说的那番话："我非常愿意到你的洞穴里去，但我看到很多动物到你那里去时留下的足迹，却没有看到一个返回的足迹。"①

这些可悲的家伙，他们看到暴君的金银财宝在闪闪发光，他们万分惊讶地赞叹他宏伟壮丽的神采；他们受到这一光辉的吸引，接近他，却没有想到他们的行为犹如跳入火

---

① 可爱的让·拉封丹，一位 17 世纪的真正的雅各宾党人，他以优雅的诗句表达了同样的讽刺：
　　"……但在这个山洞里，
　　我清楚地看到人们如何进来，
　　却没有看到人们如何出去。"（六卷，寓言第 14 章）（法语译注）

坑，火肯定会把他们吞噬。就像寓言故事中所说的，森林之神太不谨慎，当他看到被聪明的普罗米修斯盗走的火在发出光亮，觉得火实在太美了，竟然去拥抱火，结果被烧。①飞蛾就是这样，它看到火在发光，它希望获得一些快乐，于是向火扑去，结果如托斯卡纳诗人②所说，飞蛾很快感受到它自己也会燃烧的。但我们还可以假设，如果这些宠儿们逃脱了他们伺候的主人的控制，但他们永远也逃脱不了继位的国王之手。如果新国王是个好人，那就必须汇报自己的事情，最后屈服于道理；如果他是个坏人，和前国王一样，他不可能没有自己的宠臣，这些宠臣并不满足于获得他人的地位，他们还要夺取他人的财产和生命。看到危险如此巨大，保险几乎没有，怎么居然还有人要去获得一个如此艰难、又如此不幸的位子，甘冒如此众多的危险，去伺候一个如此危险的

---

① 这段话来自普鲁塔克的论文《如何从敌人那里获得有用的东西？》第2章，由 Amyot 翻译。其中的原话是："当森林之神第一次看到火，他就想亲吻并拥抱火；但普罗米修斯对他大声喊叫：老公羊！你会哭叫的，当你碰到火，你下巴上的胡子会燃烧起来的。"（法语译注）
② 彼特拉克(1304—1374)，意大利诗人(中文译注)。

主人？必须日日夜夜去取悦于一个人，但同时却又要提防他远胜于防备世界上任何其他人；必须时刻眼观六路，耳听八方，为的是能够窥探到袭击会从何而来，从而能够发现陷阱，发现对手的阴谋，揭发背叛主人的叛徒；还必须对所有人微笑，总是相互恐惧，既没有一个确定的敌人，也没有一个可靠的朋友；时刻面带三分笑，内心却无动于衷；既不能快乐，也不敢悲伤。[①]啊，伟大的上帝，这是一种什么样的刑罚，又是一种什么样的折磨！

如果来研究一下：从这么大的折磨中他们能够获得什么，他们从自己的痛苦，从他们可悲的生活中又能够得到什么好处，这实在是一件令人感兴趣的事情。通常，人民并不因为他们所受到的痛苦而谴责暴君，他们谴责的是支配暴君的人。对这些人，人民、各民族人、所有人，包括农民和百姓，谁都知道他们的姓名，都了解他们的邪恶，用各种侮辱

---

① 怎么样，亲爱的朋友们！你们对如此这般描述的生活怎么看？这难道不是苦役犯的生活？！然而，这些可悲的家伙却热衷于此道，对这些卑鄙勾当趋之若鹜，他们竟然还敢污蔑你们，辱骂你们；你们更喜欢操弄锥子、斧头、刨子或者梭子，而不愿过那种卑鄙无耻的生活！（法语译注）

来诋毁他们，对他们百般谩骂，万般诅咒。一切咒语和祈求都针对他们而来。被他们称为臣民的人把所有的不幸、所有的瘟疫、所有的饥荒全都归咎于他们。偶尔，臣民在表面上也会对他们表示敬意，但在其灵魂深处则诅咒他们，恐惧他们更甚于野兽。这就是由他们的效劳带来的光荣和名誉。在民众眼里，即使每个人都能从他们身上咬下一块肉，也不可能（依我看）感到满足，甚至不能感到其痛苦稍有减轻。当他们最后一命呜呼，作家们紧随而到，他们将百般丑化对这些食民恶魔①的记忆。成千上万本书在诋毁他们的名声，甚至他们的尸骨，可以这样说，也在烂泥里被后人践踏，而这一切，都好像是为了在他们死后来惩罚他们生前的罪恶人生。

最后，让我们好好领会，学做善事吧。让我们抬头，仰望天空，为了我们的荣誉而祈求；再以德性的名义，让我们

---

① 这是荷马史诗中给一个国王的称呼（《伊利亚特》，A，v. 341），拉·波埃西很正确地用这个词来款待这些总理大臣、管家以及财务总监们，正是他们以名目繁多的苛捐杂税压得人民透不过气来；人们委托他们管理国事，他们却糟蹋国家，使人口减少，把一个艺术、农业、商业繁荣的王国变成一个可怕的沙漠，到处是野蛮和贫穷，陷君主于贫困之中，使之在臣民眼里变得卑鄙无耻，同时遭受邻国蔑视（法语译注）。

求助于万能的上帝，他见证了我们的一切所作所为，他会惩罚我们的过失。对我来说，我想我不会弄错，既然没有任何东西比暴政更违反上帝的意愿，因为上帝是无比公正和仁慈的；毫无疑问，上帝肯定在地狱的最底层为暴君们，以及他们的同谋们，预先备下了骇人的惩罚。

大事记年表^①

1515 年　弗朗索瓦一世在法国登基。他试图扩大并确保他对
法国的统治权力。为此，他和封建大家族的最后一
家——波旁家族斗争，他还要镇压法国新教运动的早期
抗争。在国际方面，他极力反对查理·奎因皇帝的野
心，后者是西班牙国王，荷兰、奥地利、那不勒斯，以
及西班牙在新世界领土的主人。

1516 年　托马斯·摩尔发表《乌托邦》，这是文艺复兴时期
一本重要的政治著作。1535 年，亨利八世下令，托马斯
因为政治和宗教原因在伦敦被砍头。

1517 年　路德贴出 95 条论纲，抨击罗马教廷，揭开了宗教
改革的序幕。宗教改革主要在于重新发现真正的基督

教，即最初基督徒所信仰的基督教，并恢复早期基督教。以宗教为主旨的改革时常突破礼仪、《圣经》诠释、宗教教义的界限，演变成对建立在教会机构之上的权威，尤其是对君主和国王的政治反抗。

1528 年　Baldesar Gastiglione 发表《宫廷朝臣》，本书依据文艺复兴时期从古人那里发现的观念来描述"完美的朝臣"。

1530 年　艾蒂安·德·拉·波埃西出生于佩里格(Pérogord)伯爵领地的萨尔拉(Sarlat)镇。成为孤儿后，他由其叔父艾蒂安·德·拉·波埃西抚养，其叔父是教士，Bouihonnas 地方的绅士。[①]

1532 年　马基雅弗利在罗马和佛罗伦萨发表其主要著作：《君主论》和《论李维的最初十日》。

1534 年　卡蒂埃继续由伟大的意大利和西班牙探险家，如哥伦布、麦哲伦所开创的事业，他在圣-罗伦探险，宣称

---

① 译自《拉·波埃西和蒙田论人际关系》，Le Griffon d'argile 出版社，加拿大魁北克 Ste-foi 城，1994 年版，第 305—309 页。

这片领土（后来成为魁北克）和加拿大为法国君主的领地。"这些未知领土的发现"及其对欧洲人提供了什么可能性，这些事情激发了拉·波埃西及其同时代人的想象力。拉·波埃西甚至还以拉丁文写了一首诗，送给他的朋友蒙田和让·伯洛，他在诗中谈到"这些新的领土"，对那些在欧洲深受政治动荡之苦的人来说，比如他拉·波埃西，就可以到那里去避难。

1534 年 依纳斯·德·罗耀拉在巴黎成立耶稣会，耶稣会会士成为教会在其反对改革的宗教斗争中的突击队，其斗争的别名叫反改革运动。

1541 年 加尔文在其《基督教要义》的翻译本上题词，并把书献给弗朗索瓦一世；他定居日内瓦，直至去世。胡格诺派，或者说法国宗教改革派，他们在日内瓦找到了避难之地，他们从加尔文的著作中汲取灵感，以便更好地对抗法国国王不断推出的反改革措施；法国国王试图将法国重新纳入罗马教廷的宗教权威之下，同时纳入笃信基督教的国王的政治权威之下。

1547 年 亨利二世统治初期。在此国王的治下，法国经历了查理·奎因帝国的解体；其次，亨利二世善于抵制西班牙国王菲利普二世针对法国的企图。在亨利二世统治时期，始于弗朗索瓦一世的法国文艺复兴运动蓬勃发展，出现了隆萨尔、迪·贝莱等诗人。拉·波埃西完全参与了这一运动，他的很多诗作就是明证，尽管他的才华可能略显不足；他的诗作经由蒙田的整理而得以流传至今。

1548 年 在波尔多和吉也纳爆发了"盐税"暴动，抗议对盐征税。法国陆军统帅孟莫朗西为了法国国王的利益，无情镇压了暴动。一些作者认为，亨利二世治下的这一血腥篇章就是《论自愿为奴》的最初灵感源头。

1553 年 艾蒂安·德·拉·波埃西获得法学士学位，被任命为波尔多议会议员，代替纪尧姆·德·吕尔，或称隆加。拉·波埃西出色完成了一些不同的政治任务，由此他于 1560 年成为波尔多议会联络法国国王的代表；1562 年，波尔多周围发生宗教骚乱，拉·波埃西作为国王特派员前往处理。

1554 年 艾蒂安·德·拉·波埃西和玛格丽特·德·卡尔勒结婚，后者是一个寡妇，有一个女儿和一个儿子，女儿叫雅凯特·德·阿尔扎克，儿子叫加斯东·德·阿尔扎克。他们没有生育子女。

1557 年 艾蒂安·德·拉·波埃西结识了一个比他年轻的同事，叫米歇尔·德·蒙田，他和蒙田结下深厚的友谊。

1559 年 弗朗索瓦二世登基初期，他还是个青少年，其统治极其短暂。年轻的国王处于吉泽家族的道德控制之下；这是一个笃信天主教的法国贵族家族。

1560 年 该年 12 月，弗朗索瓦二世去世，由此开始了查理九世的统治。然而，实际上却是亨利二世的妻子卡特琳·德·梅迪希斯摄政的开始。

卡特琳·德·梅迪希斯是吉泽家族的政敌，但她有时对胡格诺派也很强硬；在人们的想像中，这位意大利皇太后时常被视为完全是一个马基雅弗利似的人物，她操纵权力工具，包括宗教，而其唯一目的就是安全地统治。其实，她的变化多端的阴谋政治大部分是由当时的局势造成的，比如她的摄政地位的薄弱，宗教改革运动的道德势力的增长，以及大部分法国人对新教的抵制。好几位强大的法国王子的野心，还有英国和西班牙也参与这一政治和宗教斗争，这些也都影响了卡特琳·德·梅迪希斯的态度。

1563 年 拉·波埃西死于痢疾，也有可能死于鼠疫。他死的时候，有直系亲属的陪伴，也有他的朋友，其中有蒙田。

1571 年 蒙田发表拉·波埃西的一些作品：古希腊作者色诺芬、普鲁塔克的三篇译作，以及拉·波埃西用拉丁文和法语写的诗作。

1572 年 8 月 24 日，圣-巴泰勒米节日之夜，将近二千名胡格诺派在巴黎惨遭屠杀；随后数天内，在法国其他地方，大约有一万八千宗教改革派人士被杀。这是宗教战争中最血腥，也最可怕的一幕，此事件分裂、并将加剧分裂法国。法国天主派(神圣同盟)的领袖是吉泽家族；胡格诺派则由波旁家族领导(波旁家族是那瓦尔之王)，他们既为了自己的政治权力，也为了他们的信仰而斗争。

1574 年 《论自愿为奴》若干节选首次发表，最初是用拉丁文，继而用法语，发表在《法国人晨醒》上面，这是一本由对话组成的文集，对话带有新教的反君主制倾向。在胡格诺派的文章中，一如在天主同盟派的文章中，合法谋杀暴君(这里读作：查理九世，法国国王)这个主张都是被禁止的。

1576 年 《论自愿为奴》首次以法语全文发表，收集在《查理九世治下的法国状况回忆录》之中，这是一本新教派的讽刺和抨击性短文论集。1577 年、1578 年、1579 年，《论自愿为奴》三次再版。但《论自愿为奴》很可能遭到篡改。

1580 年 米歇尔·德·蒙田的《散文集》首次发表，其中本来应该包括《论自愿为奴》，但后来以拉·波埃西的二十九首十四行爱情诗代替。

1589 年　　"三个亨利的战争"：亨利三世，1574 年至 1589
年的法国国王；吉泽家族的亨利，他是同盟派领袖，于
1588 年被暗杀；那瓦尔的亨利，胡格诺派，他是法国王
位的合法继承人。这场战争因为亨利三世被一位激进信
徒暗杀而进入一个关键时刻。在同盟派和那瓦尔亨利，
亦称贝阿尔耐的支持者多次较量之后，开始是巴黎，随
后整个法国开始慢慢听命于这位胡格诺派国王，他于
1593 年同意改宗天主教。在亨利四世治下，法国重新获
得自查理十世登基后丧失的和平、统一和繁荣。然而在
1610 年，亨利四世死于暗杀，暗杀者为一宗教狂热分
子，他认为杀掉胡格诺派、甚至是反天主教的国王，他
完成了一桩神圣使命。

1598 年　　南特赦令后，胡格诺派"获得了"多年的信仰自
由，即享有某些宗教和政治权利。随着岁月的流逝，赦
令更经常是一张废纸，它最后于 1685 年，在路易十四
的治下被废除。

1608 年 尚普兰建立魁北克。法国终于摆脱了其内乱，它可以更自由地面向外部世界，在欧洲政治舞台上确立自己的地位，并弥补它在海外殖民地发展中的严重滞后。

1723 年 《论自愿为奴》发表，被收入蒙田的《散文集》。读者首次认识了作者的姓名。

1853 年 以梅斯默版本为基础的《论自愿为奴》首次出版，这被认为是最忠实于原著的版本。

译后记：发人深省的"自愿为奴论"

"起来，不愿做奴隶的人们！"庄严、激昂的义勇军进行曲，诞生在抗日战争的年代，当时极大地鼓舞了中国军民的抗战决心，坚决不做亡国奴；此歌后来成为中国的国歌。

为奴都是出于无奈。在古代中国，谁要是犯了重罪，家属就会因牵连而被判为官奴；当家庭遭遇重大变故，为了生活，也有人自贩为奴。自贩为奴，虽然也是一种选择，也有自愿的意思，但却是被迫的，因为中国人都知道一个基本道理：人往高处走，水往低处流。但拉·波埃西却提出了一个相反的观点：在暴君统治下，人们往往忍受暴君的残暴统治，他们自愿为奴，而非出于被迫。这可不是指个别受虐狂，而是指具有正常思维能力、也向往过美好生活的广大人民群众。

为何自愿为奴？难道拉·波埃西不知道社会生活中各种强制性因素？难道人民大众的精神都有毛病？不是。拉·波埃西的推理非常简单：人人生而平等、自由，上帝、大自然用同样的材料造就了人类；如果大自然给一部分人更多的身体和精神上的才能，另一些人少一些，大自然的目的不是想把人类社会变成狩猎场，让强者围捕弱者、压迫弱者、奴役弱者，而是为了让强者帮助弱者，由此人类社会才会相互扶持，共处和谐状态。

哲学源于惊奇，科学也源于惊奇。由此看来，可以说人类语言中最伟大的词就是"为什么"。正是"为什么"促使人们去摸索、探求、寻找答案。但"为什么"这个词在中国文化中不太被看重。中国文化不太重视"为什么"，疑问、困惑，这是幼稚的表现；中国文化更推崇老成持重、见怪不怪。只要见多了，那就习以为常了，就能见怪不怪，其怪自败，问题彻底消失；就好像鸵鸟只要把头埋入沙漠，一切危险都不复存在。中国的老人喜欢倚老卖老，时常这样训斥年轻人：我过的桥，比你走的路都多；我吃的盐，比你吃的饭都多。于是年轻人只好闭嘴。幸亏拉·波埃西没有受到中国文化这方面的教育，否则他就不可能绞尽脑汁去写《论自愿为奴》，去探讨奴役的原因了。在安徒生的童话故事《国王的新衣》中，因为只有笨蛋才看不见新衣，谁也不承认自己是笨蛋，于是所有人都声称看到了新衣，并且赞不绝口；但只有一个小孩说了一句真话。为什么这个小孩能说真话？因为他太天真了，他完全以他的天性、他的良知在说话。拉·波埃西就是这位小男孩，他对人类社会中广泛存在的奴役现象大感不解：为什么暴君仅仅一个人，并无三头六臂，普通得不能再普通，很多方面甚至还不如普通人，可千百万人却对他唯命是从，俯首帖耳，听任他胡作非为，这是为什么？

人类社会的奴役现象，自古就已存在，人人习以为常，谁会想到去探讨其中的奥秘！拉·波埃西生活在文艺复兴后期，宗教改革运动已经拉开序幕。文艺复兴是人的复兴时代，不仅崇尚，甚至要恢复古希腊、罗马文化。从历史的眼光来看，这不过是一种借口，其真正的历史作用是人的解放；人们不是真要回到古希腊，而是要找回人的天性、人的天良、人最初拥有的良知，而这些东西恰恰因为年代的久远，因为各种源远流长的传统和积习而被埋没了，使人看不到人类社会存在着严重的奴役问题，想不到问一下"为什么"。拉·波埃西经过文艺复兴时期的人文主义思想洗礼，他想到了，他看到了问题，于是开始了他的探索。他从大自然中发现了一个秘密：大大小小的动物，它们都生活在自然状态中，它们当然不可能从理论上懂得何为自由，以及自由的可贵，但它们都以实际行动表明：为了自由，它们不惜一切代价；不自由，毋宁死。

如果连动物都无法忍受奴役，为什么人就偏偏能够忍受？拉·波埃西经过深思，他发现了人之所以接受奴役的第一原因，那就是习惯。一个人在奴役中出生、长大，奴役就成为他的自然状态，他习惯了；何况，奴役并非从父辈才开始，而是从祖辈，或者不知多少辈就是这样了。习惯成自然，天经地义啊！这样的人能够知道什么叫自由吗？！他能够把自由作为自己的理想吗？！

京剧《法门寺》写明朝武宗时期宦官刘瑾专权，他让小太监贾桂坐下和他说话，贾不肯坐，还说："奴才站惯了，不想坐。"这就是由习惯而养成的奴性（也许可加一句：如果熟悉中国官场文化，能坐吗？难道你想和上司平起平坐？以后还有好日子过吗？）。拉·波埃西还以驯马作比喻：马刚开始不习惯于置放在它身上的马嚼子、马鞍，以咬嚼子、尥蹶子来反抗，但慢慢它就习惯了，甚至还以身上的这些行头而感到骄傲。人也是这样。开始也会反抗，也会表达不满，但慢慢就习以为常，甚至认为这就是他的命运。如果是中国人，深受中国传统文化的熏陶，他会在心里想：此乃天意也；或者他还会用一系列格言来说服自己：识时务者为俊杰；在人屋檐下，怎敢不低头；留得青山在，不怕没柴烧，如此等等。

拉·波埃西极力赞美自由，极其推崇雅典人、斯巴达人、威尼斯人，他们崇尚自由，视自由为人生最高价值，但拉·波埃西又不得不承认习惯对人的腐蚀，认为习惯具有比天性更大的威力。拉·波埃西在此揭示了人的最大弱点。恐怕不需要了解多少古今中外的历史，谁都能够理解拉·波埃西揭示的道理：自由多么珍贵，丧失多么容易；头颅多么高贵，低首多么容易；天性多么自由，习惯多么强大；自由何等骄傲，奴役何等容易；意志多么刚强，心灵多么脆弱。中国古人说：性相近，习相远。这也是说后天的习惯比天性更厉害。习，就是学习、训练、适应；惯，就是学习的结果。古今中外的历史表明：奴役是可以学习的，也是可以适应的，只要假以时日。

拉·波埃西以古希腊和罗马的众多例子来说明暴君奴役民众是多么容易。他们可以装神弄鬼，声称拥有神通，能够治愈不治之症，让瞎子复明，让瘸子不瘸。愚昧的民众非但对此深信不疑，还要编造更加离奇的神话故事，结果在奴役的陷阱里越陷越深。或者暴君只要稍微动用一些国库资源，如邀请十人队这种社会基层组织的人员赴宴，马上就可以听到民众高呼万岁。至于如何腐蚀民众，让他们自觉出让自由，或者让他们根本忘记自由，只要广建各类娱乐和色情场所，让民众陶醉于各种游戏之中。愚化、腐化、弱化，这就是暴君巩固暴政的几大法宝。人民的愚昧无知，他们对自己的自然权利漠不关心，对自己的奴役状态麻木不仁，拉·波埃西对此感慨万分。他对无知的民众，一方面哀其不幸，同时又怒其不争，这正表现了他的人道主义情怀。

拉·波埃西还揭示了皇权的构成及其运行的奥秘。君主一人高高在上，他如何统治王国？实际上，主要并非他在统治，而是他手下的五至六人，正是他们一方面控制了君主，同时又以君主名义统治王国。当然，他们手下还有六百人，六百人手下又有六千人，再往下，则有十万人，百万人……从上到下形成一张巨网；据拉·波埃西估计，或多或少从奴役获得好处的人，他们的人数极为庞大，几乎和崇尚自由的人一样多。一旦有暴君出现，马上就会吸引社会上三教九流各式人物，其中当然不乏野心家、阴谋家；他们就会立刻投靠暴君，献计献策，为暴君效力；如果他们碰到一个大暴君，那么他们自己就要做小暴君。如此看来，暴政绝不仅仅是暴君一个人的问题，而是一个广泛的社会问题，其中人民大众就负有很大的责任，因为正是他们中的很多人直接支持了暴政。是否可由此说：有什么样的暴君，就有什么样的人民？或者有什么样的人民，就有什么样的暴君？暴君和人民，人民和暴君，真是难分难解啊。

拉·波埃西又以很多古希腊、罗马的具体例子来说明暴君的残暴，不仅对他人，就是对他们的宠臣，甚至对他们的亲人也是这样。有些好人因为他们的正直而受到暴君宠爱，但他们最后都死得非常凄惨。也有各种刁钻奸猾之辈，他们以谄媚，以迎合暴君癖好等阴谋手段而获得暴君宠爱，但他们同样不得善终。至于暴君的亲人，他们也没有因为自己的特殊身份而成为例外。正因为暴君在所有人之上，目无法纪，所以生活在暴君身边的人时刻都胆战心惊，所以很多罗马皇帝都被自己身边的人杀死。什么原因使得暴君如此残暴？还不是暴君周围的人！正是他们告诉暴君：他可以为所欲为，不受任何法纪束缚。这些暴君的宠臣们，他们一手培养了暴君，如果他们最后死于暴君之手，又有什么奇怪？！暴君和宠臣，宠臣和暴君，又是难分难解啊！

暴君是一个极其可怕的魔鬼，但总有那么多人，他们千方百计要投靠暴君，他们不是自投罗网吗？拉·波埃西说：投靠暴君，就是远离自由，就是拥抱奴役。他的用意非常明显，他想以无数血淋淋的例子来告诫那些想卖身投靠的人群，但他还是不得不感叹：尽管有这么多可怕的例子，可还是有那么多人络绎不绝地来到暴君身边效力。飞蛾扑火，自跳火坑，这又是自愿为奴。中国人看到这里，大概会想到关于武则天的一个传说故事。武则天依靠酷吏，大开杀戒，有位大臣斗胆进谏：陛下如此杀人，谁还敢入朝为官？武则天让该大臣夜晚再来。届时，武则天高举火把，黑暗中的飞蛾看到光亮，纷纷朝火把扑来；虽然前面飞来的已经烧死，可后来的还在前仆后继。武则天说：飞蛾扑火，本性难移。如果拉·波埃西知道这个中国故事，他大概会领悟中国格言"人为财死，鸟为食亡"的道理，不再苦口婆心地劝说了吧。更何况中国有所谓官本位传统，要出人头地，要光宗耀祖，唯有做官一途，于是读书人前赴后继，其拼命精神远远超过飞蛾。马克思在《资本论》中引用过一段话，这段话揭示了现代资本家的人格特征："只要有 10% 的利润，它就会到处被人使用；有 20%，就会活泼起来；有 50%，就会引起积极的冒险；有 100%，就会使人不顾一切法律；有 300%，就会使人不怕犯罪，甚至不怕绞首的危险。"资本家追逐利润，和任何其他人追求利益一样，实在无可厚非。现代社会的办法不仅仅是道德谴责和告诫，更是从制度上限制利润，限制权力，这当然是拉·波埃西想不到的。

暴君的暴虐性格并非天生，就像人民群众习惯于奴役一样，也是在习惯中慢慢养成的。拉·波埃西在《论自愿为奴》的最后点出了奴役的基础，那就是不平等。自由固然是人的天性，但此天性实际上是建立在平等基础上的。可以说，没有平等，也就没有自由。暴君不知道什么叫友谊，因为没有人和他平起平坐。而友谊恰恰是两个平等人之间的友爱。如果按此平等观点来检讨中国传统文化，那么数千年中维系中国社会的所谓"三纲"就是三大奴役形式。君为臣纲，就是君奴臣；父为子纲，就是父奴子；夫为妻纲，就是夫奴妻。中国历史上被传为佳话的君臣关系，如刘备和诸葛亮、唐太宗和魏征，当他们之间尚未有君臣关系，他们之间可能有友谊；只要君臣关系一旦确立，则友谊大厦会因为缺少平等这个基础而轰然倒塌。毫无疑问，从拉·波埃西的平等观点来看，中国传统社会的孝道也不是一种建立在平等基础之上的爱。

拉·波埃西在《论自愿为奴》中一开始就表示他对那么多城镇、那么多乡村、那么多民众屈服于一个独夫暴君这一社会现象感到万分惊讶。既然独夫暴君仅为一人，他实际上没有什么力量，所以奴役的根本原因不在于暴君本人。然后，拉·波埃西从民众方面寻找原因，是否他们缺乏勇气，胆小如鼠？但怯懦这个原因也被排除，因为怯懦有一个底线，千百万人不可能因为怯懦而不敢和暴君对抗。拉·波埃西的结论是民众自愿为奴。自由本来就是人的天性，人可以选择反抗，但民众偏偏忍受奴役，那么唯一的原因就是他们自愿为奴。随着他的探讨，他认为习惯是导致自愿为奴的第一原因，并反复举例说明：一个生来就是奴隶的人，他不知何为自由；一个出生在黑暗当中的人，他不知何为光明。既然如此，应该在什么意义上说他自愿选择为奴？如果他根本不知道自己的天性，还能说是自愿吗？就像一个人饮鸩止渴，如果他根本不知道这是毒药，那就不能说他选择自杀。未成年人犯罪，一般会从轻发落，因为他不懂事。一个精神病人犯罪，那么他完全无罪，因为他完全无法控制自己的行为。从习惯这个原因来看，尤其考虑到习惯比天性更能决定人的行为模式，自愿为奴论实际上应该是习惯致奴论。如果人的本质特征就是他的自由，那么在丧失自由后还是不是人？如果一旦沦为奴隶，完全丧失自由，还能说他是自愿为奴吗？

　　自愿为奴，这主要从人的心理、意愿等方面来看问题。实际上更容易从政治、经济、宗教、道德、习俗等方面来探讨为奴的原因。不能说拉·波埃西完全没有意识到心理和意愿以外的各种原因，他之所以认定人们是自愿为奴，恐怕还是考虑到人的自由天性。人可以生来为奴，可以完全不知自由为何物，不知人的任何自然权利，但只要是人，他至少应该有最起码的理智，他必然能够从他的主人身上看到自己的奴隶地位。正如拉·波埃西所说，不管你是一个怎样的败家子，你总有一天会想到去查看一下从前的账册，看看是否有人侵犯了你的权利。这意味着，不管你如何健忘，又如何自愿为奴，但在你的心灵深处，总有自由的幽灵在徘徊。陈胜、吴广揭竿而起，之前并没有人给他们讲什么人的自然权利、人的自由等。即自由作为人的财富，它可以被遗忘，被压在雷峰塔底下，但作为一种潜能，它是任何暴君、任何制度、任何习俗都不能消灭殆尽的。一个奴隶，他每天都在劳作，在创造财富，在改变物质形态，他的本能就应该告诉他：他完全可以用他的能力去改变自己的奴隶地位。如果他不这样做，那么他就是在完全知道自己的能力和潜能的情况下自愿选择为奴。自愿为奴，这句话初看起来令人费解，不可思议，以为是疯话，是犯贱，如果翻译成中国老祖宗的一句话：祸福无门，惟人自召，那就容易懂了。

生活在 16 世纪的拉·波埃西，他的《论自愿为奴》对生活在 21 世纪的中国人能有什么启发呢？要让中国人过有尊严的生活，这是中国政府的一大宏伟目标。尊严的最大敌人就是人的奴性。为奴不一定是对人，人也可以沦为物的奴隶。为了金钱，不讲道德，丧失做人底线，这是钱奴。为了权力，奴颜婢膝，寡廉鲜耻，这是权奴。为了迎合各种潜规则，不顾人格，并振振有词地说：人在江湖，身不由己，这是恶习之奴。从古到今，要保持自己的独立人格和自由，实在并非易事，而放弃自由，随波逐流，却是易如反掌。前些年网上曾有一句话闹得沸沸扬扬："宁可在宝马车里哭，也不愿在自行车上笑。"虽说这不过是一句网络语言，但确实是很多中国女性的真实愿望。这不是卖身为奴吗？自愿为奴！拉·波埃西肯定会这样说。

Étienne De La Boétie
La servitude volontaire

图书在版编目(CIP)数据

论自愿为奴/(法) 波埃西著;潘培庆译. —上海:
上海译文出版社,2014.1(2025.7 重印)
(译文经典)
ISBN 978 - 7 - 5327 - 6399 - 3

Ⅰ.①论… Ⅱ.①波… ②潘… Ⅲ.①波埃西
(1530～1563)—政治哲学—哲学思想 Ⅳ.①B565.299
②D0

中国版本图书馆 CIP 数据核字(2013)第 250058 号

论自愿为奴
〔法〕艾蒂安·德·拉·波埃西 著 潘培庆 译
责任编辑／张吉人 装帧设计／张志全工作室

上海译文出版社有限公司出版、发行
网址:www.yiwen.com.cn
201101 上海市闵行区号景路 159 弄 B 座
山东临沂新华印刷物流集团有限责任公司印刷

开本 787×1092 1/32 印张 3.75 插页 4 字数 51,000
2014 年 1 月第 1 版 2025 年 7 月第 5 次印刷
印数:12,001—14,000 册

ISBN 978 - 7 - 5327 - 6399 - 3
定价:35.00 元